LA MORT DE DEMETRIVS,

OV LE RETABLISSEMENT D'ALEXANDRE ROY D'EPIRE.

TRAGEDIE.

Par Monsieur BOYER.

Imprimée à ROVEN, *& se vend*
A PARIS,

chez
{
AVGVSTIN COVRBE', au Palais, en la Gallerie des Merciers, à la Palme.
Et
CHARLES DE SERCY, au Palais, dans la Salle Dauphine, à la Bonne-Foy couronnée.
}

M. DC. LXI.
AVEC PRIVILEGE DV ROY.

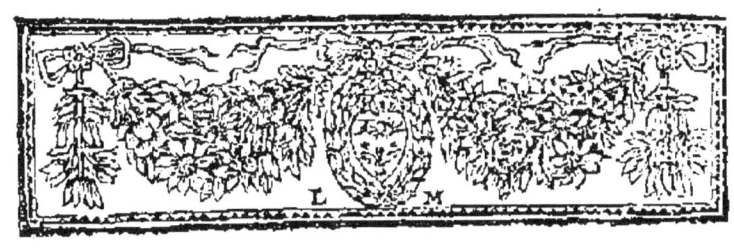

A
MONSEIGNEVR
LE
CHANCELIER.

ONSEIGNEVR,

S'il est vray que les puissantes recommandations peuuent rendre suspectes les meilleures causes, j'ay sujet

EPISTRE.

de croire, qu'en voulant faire honneur à mon Ouvrage, ie hazarde sa reputation, lorsque ie mets à sa teste, le plus illustre Nom, que les Muses ayent iamais reveré ; on dira sans doute que couvrant ses defauts sous l'éclat d'vne si haute protection, ie veux éblouïr les yeux du Public, & que par vne adresse encore plus ambitieuse, ie me sers de vous mesme pour préuenir vostre jugement, & vous persuader du merite de mon present par la confiance auec laquelle ie l'offre à vostre Grandeur. Ie suis peu en peine, MONSEIGNEVR, du jugement qu'on fera de mon dessein, pourueu qu'il reüssisse : il n'est point de moyen qui ne me semble glorieux, s'il me sert à acquerir & mesme à surprendre l'honneur de vostre approbation : estimant peu celle des autres, si elle n'est consacrée par la vostre. Pour connoistre le destin des Ouurages de l'Esprit, il faut consulter cette Sagesse cōsommée qui vous a rendu l'admiration de tout le monde, & que vous vous estes acquise par vne experience de tant d'années, & à la teste du Conseil du Roy, & parmy cet illustre Corps de Sçauans, dont vous estes la premiere Intelligence. C'est à vous, MONSEIGNEVR, qu'appartient le souuerain empire des belles Lettres, aussi bien que la souueraine Iustice de l'Estat : le Ciel vous reseruoit l'vnion de ces deux augustes Tribunaux qui seroient sans doute incompatibles en vne mesme personne à moins que d'estre remplis par vn Génie aussi grand que le vostre ; & c'est la bonne fortune des Sciences & des Sça-

EPISTRE.

uans parmy tant de disgraces qui les accompagnent, de trouuer vn si puissant Protecteur, dans celuy que nostre Grand Monarque a fait le dépositaire de son authorité, & le premier Oracle de ses Loix : que l'envie & l'injustice se mélent de juger temerairement de toutes choses, il suffit de viure dans le Siecle du GRAND SEGVIER, pour estre à couuert de toutes les persecutions de ces deux puissantes ennemies de la raison & du merite. Vostre Esprit est vne source inépuisable de lumiere qui porte vn iour continuel dans toutes les parties du monde raisonnable : c'est de cette mesme source que coulent depuis si long-temps cette Politesse & tout cet Art merueilleux qui a reconcilié nos Muses auec les Graces que la barbarie des derniers Siecles auoit si fort éloignées les

EPISTRE.

vnes des autres. De sorte, MONSEIGNEVR, qu'il est iuste d'auoüer que nous vous auons la principale obligation de toute la gloire des belles Lettres, & que nous vous en deuons rendre le premier hommage. Si vous ne treuuez pas dans mon Ouurage, ce beau, dont vous auez la parfaite idée, j'ose au moins m'imaginer qu'aprés les efforts que j'ay faits pour vous le rendre agreable, il pourra tirer quelque merite de la Grandeur de mon zéle & de la noblesse de sa fin, & que vous pourrez treuuer quelque chose qui ne vous déplaira pas dans vne Muse qui est si puissamment animée de la glorieuse ambition de vous plaire. C'est cette esperance, MONSEIGNEVR, qui luy donne le courage de vous demander l'honneur de vostre protection, & de vous

EPISTRE.

asseurer de la passion tres-ardente & tres-respectueuse, auec laquelle ie veux estre toute ma vie,

MONSEIGNEVR,

DE VOSTRE GRANDEVR,

Le tres-humble & tres-obeïssant seruiteur,
BOYER.

A MONSEIGNEVR LE CHANCELIER, SONNET.

J'Ay beau pour ta loüange animer tout mon zéle,
Et des titres fameux faire le plus beau choix;
De tes soins glorieux la vigueur immortelle
Seroit mal consacrée auec ma foible voix.

Auec vne eloquence & si noble & si belle
Qui comme toy iamais a fait parler nos Rois?
Qui iamais à l'Estat se montra si fidelle,
Et soûtint mieux que toy la maiesté des loix?

Ton merite est si grand, qu'il m'est permis de dire,
Que iamais nul mortel, dans tout ce vaste Empire
Ne pourra t'égaler dans ton auguste employ:

La France est des Heros la glorieuse mere;
Mais auec tant d'orgueil la France desespere,
D'auoir un Successeur qui soit digne de Toy.

Extrait du Priuilege du Roy.

PAR grace & Priuilege du Roy, donné à Paris le 10 Septembre 1660. Signé, Par le Roy en son Conseil, FOVRNIER, Il est permis au Sieur BOYER, de faire imprimer, vendre & debiter vne Piece de Theatre qu'il a composée, intitulée *Demetrius*, en telle marge & en tel caractere que bon luy semblera, & ce durant l'espace de cinq ans : Et deffences sont faites à tous autres de l'imprimer ou faire imprimer, vendre ou debiter sans le consentement de l'Exposant, à peine de mil liures d'amende, confiscation des Exemplaires contrefaits, & de tous dépens, dommages & interests, ainsi que plus au long il est porté par ledit Priuilege.

Regiſtré ſur le Liure de la Communauté le 12. Nouembre 1660. Signé, IOSSE, Syndic.

Acheué d'imprimer pour la premiere fois, le 10 Decembre 1660, à ROVEN, par L. MAVRRY.

Page 72. *vers* 14 Quel eſtrange licence, *liſez*, Quelle eſtrange licence. *Page* 81. *Scene* IX. *oſtez* DIOCLES *du nombre des Acteurs. Page* 84. *vers* 2. euité ma Iuſtice, *liſez*, euité ton ſuplice.

ACTEVRS.

DEMETRIVS, Roy d'Epire.

ARSINOE', Reine d'Epire.

ALEXANDRE, Fils de Pyrrus, legitime heritier de la Couronne d'Epire.

ISMENIE, Princesse d'Epire.

MILON, Favory de Demetrius.

SELEVCVS, Seigneur d'Epire.

TELAMON, Capitaine des Gardes de Demetrius.

LAODICE, Confidente d'Ismenie.

DIOCLES, de la suite d'Alexandre.

SVITE.

La Scene est à Dodone dans le Palais Royal.

LA MORT DE DEMETRIVS,

OV LE RE'TABLISSEMENT D'ALEXANDRE ROY D'EPIRE.

TRAGEDIE.

ACTE I.

SCENE PREMIERE.

DEMETRIVS, TELAMON, GARDES.

DEMETRIVS.

Ovrray-je voir enfin mon ingrate
    TELAMON. (Princesse?
Vous la verrez bien-tost.
    DEMETRIVS.
    Qu'on sorte, & qu'on me laisse,
Et que nul n'entre icy que par vn ordre exprés.

A

SCENE II.

DEMETRIVS, MILON, ARSINOE'.

MILON.

La Reyne....

DEMETRIVS.

Que veut-elle?

MILON.

Elle me suit de prés,
La voicy.

DEMETRIVS à *Arsinoé*.

Quoy, faut-il nous voir toûjours ensemble?
Ie hay la jalousie, & cela luy ressemble. (lieux,
Quoy, toûjours sur mes pas, à toute heure, en tous
Les soûpirs à la bouche, & les larmes aux yeux,
La rage & la douleur sur le visage peintes,
Troubler tout mon repos par l'éclat de vos plaintes,
Et loin de consoler vn esprit abatu,
Du bruit de vos douleurs accabler ma vertu?

ARSINOE'.

Reduite à tout souffrir, & reduite à tout craindre,
Que puis-je deuant vous que pleurer, & me plaindre,
Et me permettre au moins au fort de mes malheurs
L'vsage infortuné des soûpirs & des pleurs?
Vous le sçauez, cruel, & j'en fremis dans l'ame;
Du glorieux bonheur & de Reyne & de femme
Le vain titre, le nom seulement m'est resté,
Et vous auez conclû qu'il me seroit osté.
Alexandre reuient, & vostre aueugle zéle (infidelle,
Comme à moy, comme au Thrône, à vous mesme

Rappelle cét amy, qui fier du nom de Roy
Vangera son exil sur vous mesme & sur moy.
 Viens vanger, Artaban, l'honneur de ta famille,
Viens destourner l'affront qu'on prepare à ta fille,
Sors du tombeau, cher pere, auec ce grand pouuoir
Qui sçauoit contenir chacun dans son deuoir:
Viens, viens pour reprocher au Roy qui m'abandon-
 ne,
Qu'il a receu de toy son Sceptre & sa Couronne,
Et que sans vne indigne & noire trahison,
Il ne peut maintenant l'oster à ta maison.

DEMETRIVS.

Dites mieux, qu'il ne peut & sans honte & sans crime
Retenir plus long-temps vn Sceptre illegitime.
Cét Empire vsurpé sur le sang de Pyrrus,
Cét indigne present d'vn traistre qui n'est plus,
Puis-ie le retenir sans me rendre complice
Et de ses cruautez, & de son iniustice?
Nous auons vous & moy peu de part à ce rang
Qu'Artaban vostre pere acquit par tant de sang,
Quand trop ambitieux par vn horrible crime
Il renuersa du Thrône vn Prince legitime,
Et recueillant des droits morts auec mes Ayeux,
Se seruit de mon nom pour regner dans ces lieux.
Quand la mort de Pyrrus authorisa ce traistre
A secoüer le joug d'Alexandre son maistre,
Voyant qu'il destinoit ce grand Prince à la mort,
Ie fléchis Artaban par vn fatal accord;
Ie vous donnay la main, & ie deuins son gendre
Pour borner à l'exil les malheurs d'Alexandre;
Mais les Dieux sçauent bien combien ce triste cœur
Pour vostre pere & vous auoit conçeu d'horreur.
Tandis qu'il a vescu, sa violence extréme
M'a contraint de regner sous luy malgré moy mesme,

A ij

J'ay retenu ce rang, mais apres son trespas
Ie serois criminel en ne le quittant pas;
D'vn Empire arraché triste dépositaire,
Ie rends à mon amy le vol de vostre pere,
Ie le quitte auec vous, & ne vous oste rien.
ARSINOE'.
Renoncez à vos droits sans disposer du mien,
Oubliez lâchement, ennemy de vous mesme,
Qu'autrefois vos Ayeux ont eu le Diadéme.
Il me souuient combien pour acquerir ce rang
Aux amis de mon pere il a cousté de sang:
Comme il est sa conqueste, il est mon heritage;
I'en garde sans remords le superbe auantage,
Si vostre cœur en souffre vn lasche repentir,
Le Thrône est tout à moy, vous en pouuez sortir.
DEMETRIVS.
Ie veux en le rendant me lauer de mon crime.
ARSINOE'.
Si le Ciel veut du sang, ie seray sa victime,
Tombe, tombe sur moy tout le courroux des Cieux
Ie m'offre sur le Thrône à la foudre des Dieux.
DEMETRIVS.
Ce sont là des fureurs dignes de vostre pere.
ARSINOE'.
Si j'auois son pouuoir ainsi que sa colere....
DEMETRIVS.
Mais enfin il est mort.
ARSINOE'.
   Tant de sanglants mespris
Me l'ont depuis trois mois cruellement apris;
S'il viuoit.....
DEMETRIVS.
   S'il viuoit, cét orgueil qui menac
Quoy que tousiours injuste, auroit meilleure grac

TRAGEDIE.

Mais enfin il est mort, & vostre vnique appuy
Et vostre vnique espoir sont tombez auec luy.
Quittez donc cét orgueil si digne de ma haine,
C'est trop, & trop long temps faire la Souueraine,
Il faut cesser de l'estre, & sans vous consulter,
Ie sçauray bien garder le Sceptre, ou le quitter.

ARSINOE.

C'est peu, c'est peu, perfide ; auec mesme iniustice
Brise vn hymen qui fait ma honte & ton suplice,
Acheue de me perdre, & dans ce triste iour
Comble le desespoir de ma fidelle amour,
Songe au moins de quels fruits ma flame fut suiuie;
De l'amy que tu sers i'ay racheté la vie;
Sans cét hymen, mon pere alloit trancher ses iours,
Et tu dois Alexandre à ce tendre secours.

DEMETRIVS.

Ouy, c'est par vostre hymen qu'il le fallut defendre,
I'immolay mon repos au salut d'Alexandre:
Mais quel droit vostre pere eut-il sur ce grand Roy?
Faloit-il le sauuer en vous donnant ma foy?
Rendez moy cette foy que vous m'auez surprise.

ARSINOE.

Toy, rends-moy mon amour, mon Throsne, ma fran-
  chise.
Tu ne peux les quitter, ny les garder sans moy;
Adieu, sois si tu veux mon Espoux & mon Roy;
Ie n'y renonce point malgré ta perfidie;
I'en veux tousiours garder l'esperance & l'enuie:
Mais n'espere iamais d'vn parjure odieux
Estre quitte enuers moy, ny quitte enuers les Dieux.

SCENE III.

DEMETRIVS seul.

TOn interest n'est pas ce qui trouble mon ame,
Et les Dieux auroient tort de condamner ma
Pour m'en justifier Ismenie est mon choix, (flame,
Elle est aimable & belle, & du sang de nos Roys.
Il m'est permis de rompre vne indigne alliance
Pour aimer la beauté, l'honneur & l'innocence,
Et pour liurer mon cœur à des charmes si grands,
Ie le puis arracher au sang de nos Tyrans.
Mais pourquoy se flater & déguiser son crime?
Vn amour qui viole vn hymen legitime,
Que six mois tous entiers n'ont que trop affermy,
Vn amour qui trahit ma femme & mon amy, (stre,
Qui donne de l'horreur aux yeux qui l'ont fait nai-
Qui se cache à soy-mesme, & qui n'ose paroistre,
Est vn de ces amours, qui nés de nostre erreur,
Vantent leur innocence, & ne font que fureur.
Mais quel crime d'aimer vn obiet tant aimable?
Quels feux sont innocens si le mien est coupable,
Si ie ne puis sans crime aimer ce que les Dieux
Ont formé de leurs traicts pour le charme des yeux?
Ah! bien loin d'estouffer le feu qui me deuore,
Ie le veux augmenter, ie l'ayme, ie l'adore:
Si l'amour est ma faute, il est mon châtiment,
Et j'adore mon crime ainsi que mon tourment,
Grands Dieux, qui l'auez faite & si fiere & si belle,
Immortelles beautez qui vous montrez en elle,

Est-ce vn crime d'aymer ce qui nous vient de vous,
Ce qui vous represente auec des traits si doux?
Ces yeux, de tous les yeux le plaisir & la peine,
Cette auguste fierté si digne d'vne Reyne,
Tout ce brillant amas de force & de douceur,
Charmera-t'il les yeux sans arrester le cœur?
Gardes.

SCENE IV.

DEMETRIVS, MILON, GARDES.

MILON.

Seigneur...
####### DEMETRIVS.
Helas!
MILON.
Quoy! ce grand cœur soupire?
DEMETRIVS.
Qu'on nous laisse icy seuls.
MILON.
Gardes, qu'on se retire.
Vous puis-ie demander quel trouble, quel soucy....
DEMETRIVS.
Alexandre reuient.
MILON.
Il est fort prés d'icy.
DEMETRIVS.   (cesse?
Sçais-tu qu'il vient m'oster mon Sceptre & ma Prin-

MILON.

Craignez vous vn Riual auec tant de foiblesse?
Il reuient par vostre ordre, & ce retour fatal
Va mettre entre vos mains ce dangereux Riual.

DEMETRIVS.

Milon, tu connois mal les desseins de mon ame.

MILON.

Mais ie sçay ce qu'exige vn Thrône & vostre flame,
Puis-ie enfin m'expliquer sans manquer de respect
L'amitié d'Artaban me peut rendre suspect,
Quoy qu'à vous seul sa mort attache tout mon zéle,
On peut craindre l'amy de ce fameux Rebelle.

DEMETRIVS.

I'ay de trop bons garans de ta fidelité;
Sans le puissant secours que ta main m'a presté,
Des Sujets souleuez pour leur Roy legitime
I'estois dans ce Palais la sanglante victime,
Te puis-ie soupçonner apres ce grand secours?

MILON.

Ie me seruois moy-mesme en conseruant vos iours;
Mais sans ces seuretez, Seigneur, vn zele extreme
Ne prend pour vous seruir conseil que de soy-mesme
I'ose donc auancer, qu'alors qu'il faut regner
C'est generosité de ne rien espargner:
On blâme vostre amy de peu d'experience;
Chacun croit qu'il se perd par trop de confiance,
Et nomme les honneurs que vous luy preparez,
Des poisons déguisez, & des pieges dorez.
L'aueugle! il connoit mal l'orgueil du Diadême.
Parce que vous l'aimez, & parce qu'il vous ayme,
Ose-t'il imputer ce soudain changement
A la compassion de son bannissement?
Vient-il pour remonter sur le Throsne d'Epire?
Vous sçauez trop, Seigneur, l'interest d'vn Empire,

Il n'est point d'amitié qui fasse dédaigner
Sur vn Thrône affermy la douceur de regner,
C'est ce que jusqu'icy pas vn n'a pû comprendre.
DEMETRIVS.
C'est ce que le succez te va bien tost apprendre.
Qui croit que la Couronne est si pleine d'appas,
En discourt en aueugle, & ne la connoist pas.
Par tout elle a ses maux qui valent bien ses charmes;
Et celle de Dodone est si pleine d'alarmes,
Que pour en détester l'insupportable pois,
Il ne faut que sçauoir l'histoire de nos Roys.
Le peuple incessamment me demande Alexandre,
Et quand mon amitié s'apreste à le luy rendre,
Ie rougis que le peuple vne seconde fois
A mon iuste deuoir vueille imposer des loix.
Mais ce n'est pas la peur qui m'arrache du Thrône,
Ny la foudre du Dieu qui preside à Dodone:
Ce ne sont que les noms de traistre & de Tyran,
Et l'horreur de jouyr du crime d'Artaban.
Tandis que ie retiens la grandeur souueraine,
Ainsi que de son vol j'herite de sa hayne,
Ie deuiens son complice, & gardant son bien-fait,
Ie consens par ce crime au crime qu'il a fait.
Maintenant que sa mort m'en laisse la puissance,
Ie veux, m'en dépouillant, purger mon innocence,
Me soustraire à sa hayne, aux foudres, aux horreurs
Qui suiuent tost ou tard de pareilles fureurs.
MILON.
Quoy, Seigneur? d'vn remords le conseil infidelle...
DEMETRIVS.
Aux yeux bien éclairez l'innocence est si belle....
MILON.
L'innocence par tout fuit les maistres des loix,
Et le seul repentir est le crime des Roys.

Vn Roy se connoist mal s'il se repent de l'estre;
Le Throne absout si tost qu'on en deuient le maistre
Et comme pour regner tout crime est glorieux,
Les Roys sont sans remors aussi bien que les Dieux.

DEMETRIVS.

I'oppose à tes raisons ces remors & ces craintes,
Quand mon cœur affranchy de ces lâches contrain
    tes
Se rend à l'amitié, dont les nobles efforts
Font plus pour mon amy que l'effet d'vn remors,
Ou plutost, puisqu'enfin il faut t'ouurir mon ame,
Sçache qu'au desespoir d'vne amoureuse flame
Ie donne cet effort bien plus qu'à l'amitié;
Peut-estre ny remors, ny deuoir, ny pitié,
Ne sçauroient me forcer à cette complaisance,
L'amour, le seul amour m'arrache ma puissance,
Et ie ne l'acceptay que par l'espoir vn iour
D'obliger mon Riual à seruir mon amour.
I'ay crû que sur le Throne en luy cedant ma place,
Au crime de ma flame il pourroit faire grace,
Et qu'enfin Ismenie auoüeroit pleinement
Vne ardeur dont l'effort couronne son amant.

MILON.

Ah plûtost, sauuez-vous de cet indigne outrage,
Que vostre aueugle amour fait à vostre courage.

DEMETRIVS.

Auecque tant d'amour, adorant tant d'appas,
Ie me plains de ma peine, & ie n'en rougis pas.

MILON.

Mais vostre heureux Riual luy paroist seul aymable.

DEMETRIVS.

Tâchons donc de fléchir cet obiet adorable.

MILON.

Mais la Reine....

TRAGEDIE.
DEMETRIVS.

Tu sçais quel genereux dessein
Me força malgré moy de luy donner la main:
Pour sauuer mon Riual & ma chere Ismenie
J'épousay malgré moy la honte & l'infamie,
Et sans mesme employer la coustume & les loix,
Tout mon deuoir m'arrache à cet indigne choix.

SCENE V.

TELAMON, DEMETRIVS, MILON, ISMENIE.

TELAMON.

LA Princesse, Seigneur, par vostre ordre est venuë.
DEMETRIVS *à Milon.*
Laisse-nous, ta presence offenceroit sa veuë.
Milon sort.
Alexandre reuient, & voicy ce beau
Si cher à mes desirs, si cher à vostre amour:
Il reuient, ce grand Prince, étouffer tant d'alarmes;
Il reuient essuyer ces precieuses larmes,
Dont vos beaux yeux sans cesse honorent ses malheurs,
Et c'est moy qui mets fin à toutes vos douleurs.
Vous auiez tout perdu par les maux de l'absence;
Vous estiez sans plaisir, sans biens, sans esperance,
Vos Dieux estoient absens de ces funestes lieux,
Et ie vous rens vos biens, vostre espoir, & vos Dieux.
Les pardonnerez vous à ma raison blessée,
Ces ardeurs, ces transports qui vous ont offencée?

Ces soupirs tant de fois poussez à vos genoux,
Aprés ce grand effort les pardonnerez-vous?
Vous ne répondez rien?
ISMENIE.
Que pourray-je vous dire?
Le Prince d'vn malheur va tomber dans vn pire;
Ie pleurois son exil, & ce triste retour
Plus que son exil mesme afflige mon amour,
Ce grand Prince en Sujet osera-t'il paroistre?
Viendra-t'il dans ces lieux y voir vn autre Maistre,
Et l'exposerez-vous à ce nouueau malheur,
De mourir à vos pieds de honte & de douleur?
Ie veux que par l'effort de sa reconnoissance
Il vous laisse jouyr de toute sa puissance,
Et que pour prix des iours qu'il tient de vostre main,
Il cede sans rougir le pouuoir souuerain;
Puis-je voir sans trembler vne si belle vie
Exposée aux perils d'vne Cour ennemie?
Voir ce beau sang en proye à deux monstres jaloux,
A la Reyne, à Milon, & (le diray-je) à vous?
Ouy, vous mesme, Seigneur, voyant sous vostre Empire
Le vainqueur d'Ismenie, & le maistre d'Epire,
Si vous craignez vn iour sa flame & son pouuoir,
Vous sentez-vous plus fort que vostre desespoir?
DEMETRIVS.
Vous me soupçonnez donc de quelque violence?
Amant trop malheureux, & Roy sans innocence,
Vous me croyez aussi dans mes transports jaloux,
Sans foy pour mes amis, & sans respect pour vous.
Vous sçauez que le Ciel dés ma plus tendre enfance
Entre ce Prince & moy sema l'intelligence,
Et qu'vne mesme main nous éleuant tous deux,
D'vne longue habitude en forma les beaux nœuds,
Si ma

TRAGEDIE. 15

Si ma forte amitié gardoit mal Alexandre,
Sur ce que vous aimez oseray-je entreprendre,
Et par mon mauuais sort suis-je si mal traité,
Que ie vous sois suspect de quelque lâcheté?
Desarmé par les yeux de ma belle Princesse,
Contre vn Riual heureux que pourroit ma foiblesse?
Quand des mains d'Artaban ie luy sauuay le iour,
Pour l'aimable Ismenie auois-je moins d'amour?
Ie brûlois, ie régnois, & toutesfois, Madame,
I'ay seruy ce Riual du Thrône & de ma flame.

ISMENIE.

Ie ne connois que trop l'excés de cet amour,
Il sauua mon Amant, il m'a sauué le iour.
Vostre vertu, Seigneur, qui n'a point de seconde,
Vous acquerroient les vœux de tous les cœurs du monde,
Si vostre injuste amour n'en ternissoit l'appas;
Et ie vous aimerois, si vous ne m'aimiez pas.
Immolez vn amour fatal à vostre gloire,
Au bon-heur d'vn amy cher à vostre memoire;
Quoy que fassent pour luy l'amour & l'amitié,
Alexandre est toûjours vn objet de pitié,
Et dans ce triste état sans cesse il vous impute
Le peu d'espoir qu'il a de releuer sa chûte.
Laissez ce malheureux, loin de vous, loin de moy,
Auec l'espoir vn jour de reuenir en Roy.

DEMETRIVS.

C'est peu de cet espoir, donnez luy la Couronne:
Puisque vous le voulez, mon cœur vous abandonne
Vn rang dont le pouuoir alarme vostre amour,
Faites à mon Riual vn glorieux retour;
Mettez-le promptement au dessus de l'enuie;
Asseurez sur le Thrône & sa gloire & sa vie.

B

ISMENIE.

Ah! si vostre amitié pouuoit en sa faueur
Iusqu'à ce grand effet éleuer vostre cœur,
Qu'elle auroit à mes yeux de merite & de gloire!

DEMETRIVS.

Vous estimeriés donc cette grande victoire;
Mais pour ce grand effort d'amour & d'amitié,
Sentez-vous pour mes maux quelque ombre de pitié?
Quel secours offrez-vous à ce Roy miserable?
Faites luy pour le moins vne chûte honorable,
Et qu'il sçache en tombant, qu'il s'apreste à gagner
Des biens beaucoup plus doux que celuy de regner.
Parlez, resolvez-vous, qu'auez-vous à me dire?
Faut-il enfin ceder, ou retenir l'Empire?

SCENE VI.

SELEVCVS, DEMETRIVS, ISMENIE.

SELEVCVS.

ALexandre s'aproche, & chacun va sortir,
Pour l'aller receuoir il est temps de partir.

DEMETRIVS.

Madame, c'est à vous sans que rien vous retienne
De regler promptement sa fortune & la mienne;
Ie vay, si vous voulez, le receuoir en Roy;
Mais ce grand point se doit resoudre icy sans moy:
Ie vous quitte, vsez-bien du droit que ie vous don-
nes;
Souuenez-vous quel est le prix d'vne Couronne,

Quel deuoir, quelle ardeur m'oblige à la ceder,
Et qu'en cedant vn Thrône on peut tout demander.

SCENE VII.

ISMENIE, LAODICE.

ISMENIE.

Laodice, eſt-il vray ce que ie viens d'entendre?
Ie puis par ſon adieu couronner Alexandre,
Et releuer le ſort d'vn Monarque abatu,
Prés d'vn ſi beau ſuccez, mon amour, trembles-tu?
Ouy, ie ſens, Laodice, & qu'il tremble & qu'il dou-
te:
Voy ce qu'on me demande, & le prix qu'il me coûte.
Pour rendre à mon Amant la qualité de Roy,
Il faut que j'aime ailleurs, & qu'il regne ſans moy.
Cruel Demetrius, qu'eſt-ce que tu m'ordonnes?
En m'ôtant mon Amant voy ce que tu luy donnes;
Pour perdre noſtre amour tu luy rens ſa Grandeur;
Et pour prix d'vn deuoir tu demandes mon cœur.
Tu te ſers, inhumain, & non pas Alexandre;
Tu luy vens des honneurs que tu deuois luy rendre.
Si pour tant de perils ie craignois ſon retour
Ie n'auois pas préueu celuy de mon amour.
Mais helas! mon amour, tu te trahis toy-meſme,
Quand on aime il ſuffit de ſeruir ce qu'on aime,
Luy conſeruer vn Sceptre, & peut-eſtre le iour;
Que pretend dauantage vn veritable amour?

LAODICE.

Mais pourrez-vous quitter l'objet de voſtre flâme?

ISMENIE.
Cache-moy des malheurs dont ie fremis dans l'ame.
Ie ne crains que l'effort qui m'arrache à mes feux;
Soûtiens aueeque moy cet amour malheureux.
Il a besoin de force, & ie sens sa foiblesse;
I'écoute son deuoir, mais ie crains sa tendresse.
Allons voir mon Amant qui reuient dans ces lieux,
Trauaillons pour sa gloire, & mourons à ses yeux.

Fin du premier Acte.

ACTE II.

SCENE PREMIERE.
SELEVCVS, MILON.

SELEVCVS.

OV peut-on voir jamais auecque tant de zele
Deux Princes signaler leur amitié fidelle?
Depuis six mois du Thrône Alexandre exilé
Semble le negliger quand il est rapelé;
Et de ses Alliez refusant l'assistance,
Il prend de son Riual toute son esperance.
Voyez comme il reuient; il n'entre que la nuit,
Craignant que son retour dans la pompe & le bruit
Fust à Demetrius ou suspect ou funeste,
Il vient comme vn amy genereux & modeste;
Il se dérobe au peuple, & sans aucun secours
Il fie à son amy sa fortune & ses iours.
Voir des amis Riuaux en Grandeur, en Maistresse!

MILON.
Amis pour la Couronne, & non pour la Princesse,
De ses maux Alexandre ignore la moitié.
I'admire cependant ce que peut l'amitié,

Ce grand zele m'étonne, & leur intelligence
Blesse d'vn coup mortel toute mon esperance.
Tout ce qu'a l'amitié de pressant & de fort
A paru pour nous perdre à ce premier abord;
En les voyant tous deux se donner tous en proye
A ces ardens transports de tendresse & de ioye,
D'vn froid & triste amas de crainte & de douleur
Ce spectacle odieux a transi tout mon cœur.

SELEVCVS.

Il n'en faut plus douter; trahy par sa tendresse,
Voulant toucher par là le cœur de la Princesse,
Demetrius rendra le Sceptre à son Rival,
Et nous sommes perdus par cet accord fatal.
Il me l'a dit cent fois, qu'il n'estoit Roy d'Epire
Que pour seruir sa flâme en cedant vn Empire;
Si son Rival charmé d'vn zele si parfait
Oubliant son amour se rend à ce bien-fait,
Partisans d'Artaban, nous restons seuls en bute.

MILON.

Plus ie suis prés du Thrône, & plus ie crains ma chû-
Seleucus, ce malheur m'est commun auec toy; (te.
Mais j'en ay de plus grands qui ne sont que pour
    moy.
Ie perdrois sans regret ma fortune & ma vie,
Mais mon amour ne peut luy quiter Ismenie.

SELEVCVS.

L'aimez-vous?

MILON.

Ouy, ie l'aime, & ie sens que mon cœur
Par trop de retenüe a conceu plus d'ardeur.
Comme vn brazier caché, ma passion secrete
Est d'autant plus pressante, importune, inquiete,
Que pour m'en soulager ie n'ay que des soûpirs
Contre l'embrazement qu'allument mes desirs;

TRAGEDIE.

Au point que ie le sens, ie n'en suis plus le maistre,
Auprés d'vn grand Riual il commença de naistre,
Il brûle prés d'vn autre encor plus dangereux,
Et redouble sa force à triompher de deux.

SELEVCVS.

Vous, l'apuy d'Artaban & de sa tirannie,
Vous osez aspirer à l'amour d'Ismenie?
D'elle, qui vous regarde auec tout le couroux
Que tant de maux soufferts luy font naistre pour
 vous?
Quel est donc vostre espoir?

MILON.
      Dans ma fureur extrême
Ie feray tout perir, & la Princesse mesme.

SELEVCVS.
O Dieux!

MILON.
   Ton cœur s'étonne, & tremble à ce discours,
Mais sçais-tu l'ascendant des jalouses amours?
I'adore vn autre Dieu, que ce Dieu de tendresse
Qui remplit tous les cœurs de crainte & de foibles-
 se,
Qui forcé de laisser son bien aux mains d'autruy,
Le quitte, ou l'aime encor quand il n'est plus à luy,
Et n'a d'autre secours dans toutes ses alarmes
Que des soûpirs perdus & de honteuses larmes.
Ie brûle d'vne amour qui porte dans mon sein
Contre vn objet ingrat des foudres à la main.
Il vaut mieux, quand vn cœur a refusé le nostre,
Le voir perir pour tous, que viure pour vn autre,
Et suiuant les fureurs d'vn jaloux desespoir,
Il faut aneantir ce qu'on ne peut auoir;
Mais ie suis encor loin de ce malheur extrême,
I'ay du pouuoir assez pour auoir ce que j'aime.

SELEVCVS.

Milon, n'en croyez pas vn desespoir jaloux;
Seruez le vray Monarque, & trauaillez pour vous.
Pour faire nostre paix releuons sa puissance,
N'accablez pas de soins toute vostre prudence.
Quel remede auez-vous contre de si grands maux?

MILON.

Malgré leur amitié, l'amour de deux Riuaux.
Quelques beaux sentimens qu'ils nous ayent fait pa-
  roistre,
Ils aiment, c'est assez, & l'Amour est leur maistre,
Et si l'ambition y mesle vn peu ses feux,
Ie les crois assez forts pour les perdre tous deux.
C'est à quoy mon amour éleue ma pensée:
D'vn reuers ma Grandeur peut estre renuersée,
Si ie veux l'affermir, ie sçay trop que ie doy
La placer sur le Thrône, & m'y couronner Roy.
Iuge si mes desseins sont sans quelque apparence,
Tu vois nos deux Riuaux negliger leur puissance,
Tous deux la negligeant comme vn bien sans apas
Attachent tous leurs vœux à celuy qu'ils n'ont pas,
Chacun pour Ismenie également soûpire;
Si pour la meriter il leur faut vn Empire,
Tous deux peuuent pretendre au pouuoir Souuerain,
Alexandre est aimé, l'autre a le Sceptre en main,
Le Thrône soûtient l'vn, & l'autre peut l'abatre,
Et tous deux ont ma flâme & la haine à combatre.
Voy d'vn autre costé nostre Reyne en fureur:
Entre elle & son époux j'ay semé tant d'aigreur,
Qu'imprimant dans son cœur toute l'horreur d'vn
  traistre,
I'ay mis enfin sa haine au point qu'elle doit estre,
Attaban qui craignoit vn gendre trop ingrat
A laissé dans nos mains le pouuoir de l'Estat,

TRAGEDIE.

Fort de ces passions, d'ambition, de haine,
D'amour, de desespoir, ma victoire est certaine.
Semons diuisions, troubles, soupçons, fureurs;
Tout mon espoir ne luit que parmy ces horreurs;
Toy, va-t'en voir la Reyne, & pressant sa furie...

SELEVCVS.
Ah! craignez...

MILON.
Qu'ay-ie à craindre en perdant Ismenie?
De grace, laisse moy mon conseil : auiourd'huy
Mon trouble est trop puissant pour en prendre d'autruy.
Mais voicy nos Riuaux. Triste & ialouse flâme,
Cache ton desespoir dans le fons de mon ame.

SCENE II.
DEMETRIVS, ALEXANDRE, MILON.

DEMETRIVS à Alexandre.

Souffrez que l'amitié vous dérobe vn moment
Aux tendres entretiens d'vn objet si charmant.
Mais j'aperçoy Milon. Viens, cher Milon, aproche;
Ne crains de ce grand Roy ny froideur ny reproche,
Cet amy genereux pardonne à mes amis.

MILON.
Il n'a point de Sujet qui luy soit plus soûmis:
C'est ce qu'auec le temps ie luy feray connoistre.

ALEXANDRE.
Ces respects de Sujet sont deus à vostre Maistre,

Ie vous pardonne en Prince, & ce n'eſt pas à moy
A reccuoir de vous ce qui n'eſt dû qu'au Roy.
DEMETRIVS.
Vous obſtinerez-vous dans cet aueugle zele?
Ie rougis d'vne ardeur à vous meſme infidelle,
Cette tendre amitié me comble de plaiſirs,
Mais enfin vous deuez vous rendre à mes deſirs.
Quand j'acceptay le Sceptre, auant que de le pren-
Ma parfaite amitié fit vœu de vous le rendre,   (dre
Et puiſqu'enfin les Dieux m'en laiſſent le pouuoir,
I'acquitte auec honneur mes vœux & mon deuoir.
ALEXANDRE.
Moy, que j'oſte le Sceptre à qui ie doy la vie,
A vous, à qui ie dois le ſalut d'Iſmenie?
C'eſt peu de vous ceder l'Empire de ces lieux,
Cher Prince, c'eſt vn bien qui fut à vos Ayeux;
Ie fais en vous laiſſant la ſupréme Puiſſance
Vn acte d'équité, non de reconnoiſſance,
Et ma juſte amitié doit rechercher ailleurs
D'autres occaſions à montrer ſes chaleurs.
DEMETRIVS.
Il eſt vray, mes Ayeux ont porté la Couronne,
Mais ce droit ne va pas juſques à ma perſonne,
Ptolomée autrefois l'acquit par trahiſon,
Quand vn de vos Ayeux pour ſe faire raiſon
D'vn ennemy voiſin, ayant quité l'Epire,
Mon Ayeul Ptolomée enuahit cet Empire.
Seul vous eſtes le ſang des legitimes Roys.
ALEXANDRE.
Vous ne pouuez ſans honte abandonner vos droits.
DEMETRIVS.
On cede auec honneur ce qu'on a par le crime.
ALEXANDRE.
La Fortune vous rend vn Thrône legitime.

TRAGEDIE.

DEMETRIVS.
Ie ne le tiens du Sort qu'à titre de Tyran.
ALEXANDRE.
Le Ciel se sert pour vous du crime d'Artaban.
DEMETRIVS.
Tremblez à ce seul nom d'horreur & de colere,
Voyez Arsinoé, digne sang de son pere,
Ce Monstre couronné triompher dans vn rang
Qu'vn pere ambitieux acquit par tant de sang.
Quoy, vous voudriez laisser le Sceptre à sa famille?
Ie vous dethrônerois pour couronner sa fille?
Me reseruériez-vous à des crimes si grands?
Tombe plûtost sur moy tout le sort des Tyrans.
Cessez de resister, & plus juste à vous mesme,
Receuez de ma main la puissance suprême,
Seur que l'offre du Throne est beaucoup au dessous
De ce que l'amitié voudroit faire pour vous.
ALEXANDRE.
Ce qu'elle fait pour moy va jusques à l'offence;
Me presser d'accepter la suprême puissance,
C'est m'appeller ingrat, lâche, & me reprocher
Que ie ne suis venu que pour vous l'arracher.
Ah! pour me dérober à ce reproche infame,
Bien plus que de ceder le Sceptre à vostre femme
Ie verrois sans murmure & sans ressentiment
Artaban à mes yeux regner impunément.
Mon cœur ne conçoit point de suplice si rude
Que de viure vn moment suspect d'ingratitude,
Et ce Monstre adoré des cœurs ambitieux,
D'vne inuincible horreur frape toûjours mes yeux.
Doncques si vous m'aimez....
DEMETRIVS.
Helas! si ie vous aime?
Dois-ie enfin m'expliquer, & me trahir moy-mesme?

Ie tremble, ie fremis, & mon cœur interdit....
ALEXANDRE.
Que me dit cette peur, ce desordre?
DEMETRIVS.
Il vous dit,
Que cet amy si cher dont vous vantez le zele,
Est vn amy sans cœur, vn lâche, vn infidelle,
Qui sous vn faux éclat couurant ses lâchetez....
ALEXANDRE.
Que vous reprochez-vous aprés tant de bontez?
DEMETRIVS.
J'aime; ma passion a trop de violence   (lence:
Pour pouuoir plus long-temps se contraindre au si-
Ouy, j'aime; à ce seul mot vostre amour alarmé
Ne vous apprend que trop l'objet qui m'a charmé.
ALEXANDRE.
Ah, Prince... c'est donc là ce malheur, ma Princesse,
Dont vous auez tantost menacé ma tendresse.
Ah ! Destins ennemis!
DEMETRIVS.
Ie ne vous diray pas
Combien pour n'aimer plus i'ay rendu de combats.
J'aurois par mes efforts brisé la tyrannie
De toute autre beauté que celle d'Ismenie,
Et j'aurois veu ce cœur libre & victorieux,
Si l'on pouuoit guerir du mal que font ses yeux;
Mais tout ce que i'ay fait croissant sa violence,
Mes feux ont consumé toute ma resistance.
Ie ne veux point icy toucher vostre pitié;
Mon amour est vn crime enuers nostre amitié:
Ie deuois étouffer tous les vœux de mon ame;
Ie deuois arracher ou mon cœur ou ma flame.
Cependant (disons tout, & par ce souuenir
Commence, ingrat amy, commence à te punir)

Cepen-

TRAGEDIE.

Cependant loin d'en faire vne juste vangeance,
I'ay poussé jusqu'au bout mon ingrate constance.
Par vostre éloignement, par le rang que ie tiens,
Par mes vœux qu'vn diuorce alloit rendre tous siens,
I'ay crû pouuoir fléchir l'adorable Ismenie,
Et prest d'abandonner tout l'espoir de ma vie,
Ie me sers de vous mesme & de vostre retour
Pour vn dernier secours que j'offre à mon amour;
Ie tâche à vous tenter par l'offre d'vn Empire,
Et contre vostre amour tout mon amour conspire.
Voila ce digne amy, cet amy si parfait;
Mais n'en soûpirez plus, vous serez satisfait,
Ie quitte tout pour vous, & voila la vangeance
Que tire l'amitié d'vne amour qui l'offence.
Si c'est assez pour elle, & si c'est vous cherir
Que vous quitter le Sceptre, Ismenie, & mourir,
Pour le prix du bonheur que ie vous abandonne
Daignez sans plus tarder accepter la Couronne,
Et faisant qu'Ismenie excuse mon transport,
Auec elle donnez quelques pleurs à ma mort.
Adieu.

MILON *bas.*
Peut-on regner auec tant de foiblesse?
à Alexandre.
Seigneur, souffrirez-vous...

ALEXANDRE.
Suy ton Maistre, & me laisse.

SCENE III.

ALEXANDRE seul.

AMy, cruel autant qu'on peut l'imaginer,
Ne m'as-tu rappellé que pour m'assassiner?
Où me reduisez-vous, desordre de mon ame,
Pensers précipitez de deuoir & de flame,
Sentimens d'amitié, de constance, & de foy,
Tendresse, honneur, pitié, que voulez-vous de moy?
Sans foule expliquez-moy quel dessein est le vostre;
Laissez-vous discerner ; parlez l'vn apres l'autre;
Appaisez vn tumulte, vn trouble où ie ne puis
Ny sçauoir, ny souffrir, ny vaincre mes ennuis.
Mourra-t'il ce grand Prince à qui ie doy la vie?
Mais m'ose-t'il parler de ceder Ismenie?
Car enfin ie voy bien où s'attache son choix.
Qu'il garde ma Grandeur, ie luy cede mes droits;
Ie donne à ses desirs tout, horsmis ma Princesse.
Ciel, par l'amour du Thrône affoiblis sa tendresse.
Puissans Maistres des cœurs, rendez-le, iustes Dieux,
Vn peu moins amoureux & plus ambitieux.
Cher & cruel amy, regne, & souffre que j'aime.
Dieux ! qu'est-ce que ie voy ? ma Princesse, elle mes-
me.

SCENE IV.
ALEXANDRE, ISMENIE, LAODICE.

ALEXANDRE.

Rendez-vous cet honneur au rang que ie n'ay plus?
Ces excés de bonté me rendent tout confus.
ISMENIE.
Aprés les longs ennuis d'vne cruelle absence,
J'oublie vne legere & foible bien-seance.
ALEXANDRE.
Sçauez-vous le succez d'vn funeste retour?
ISMENIE.
Helas! Demetrius vous a dit son amour.
ALEXANDRE.
Ouy, ce cruel amy m'en a fait confidence,
Et j'apprens des malheurs pires que mon absence:
Mais, ma chere Princesse, estre amis & Riuaux,
Helas! ce n'est pas là le plus grand de mes maux.
ISMENIE.
Par quels autres malheurs la Fortune ennemie
Peut-elle encor troubler vne si belle vie?
Le Tyran preferant sa flame à son denoir,
Menace, & veut sans doute vser de son pouuoir?
ALEXANDRE.
Que ie serois heureux s'il prenoit cette voye!
Ma constance verroit sa menace auec joye,
Et ce cœur genereux pourroit mieux s'attacher
Aux biens que sa fureur me voudroit arracher.

C ij

Mais il me rend le Thrône, & me cede Ismenie,
Et quand il veut quitter Thrône, Maistresse,
    vie,
Vous pouuez bien juger par ce grand desespoir,
Qu'il me demande tout, & qu'il veut tout auoir;
Il m'arrache en mourant à tout ce qu'il me donne,
Et met par là si haut les biens qu'il m'abandonne,
Que pour m'en rendre digne il faut y renoncer,
Et que ma seule mort le peut recompenser.
ISMENIE.
Ah ! Seigneur, moderez l'excés de ce grand zele,
Imitez les ardeurs de cet amy fidelle;
Mais voyez jusqu'où va sa generosité;
Il a choisi, cher Prince, & n'a pas tout quitté.
Il m'a plûtost qu'à vous ouuert toute son ame,
Et bornant son espoir aux douceurs de sa flame,
Il choisit de deux biens ce qui plaist à ses yeux,
Et vous rend le plus grand, & le plus glorieux.
ALEXANDRE.
Que dites-vous, Princesse ? Ismenie, elle mesme
Me condamneroit-elle à perdre ce que j'aime?
Elle mesme à ma flame imposer cette loy?
ISMENIE.
Prince, vous ne pouuez disposer que de moy.
Vous croyez-vous permis de ceder la Couronne?
Vous deuez la reprendre, & l'honneur vous l'ordonne
Tout l'Empire aujourd'huy vous presse par ma voix
De luy rendre le sang des legitimes Roys.
Voyez quels sentimens vostre deuoir m'inspire;
Malgré tout mon amour ie vous cede à l'Empire.
Par cet effort mortel que ie fais sur mon cœur,
Pour payer vostre amy sans trahir vostre honneur;
Par ces larmes qu'arrache vn si grand sacrifice;
Par cet amy si cher & si plein d'injustice,

TRAGEDIE.

Escoutés vn denoir de voſtre rang jaloux:
Cedez voſtre Iſmenie, elle dépend de vous.
I'immole tout mon cœur aux ſoins de voſtre gloire;
Ne me dérobez pas cette grande victoire,
Et qu'on diſe par tout aprés vn ſi beau choix,
Iſmenie a ſauué le plus grand de nos Roys,
Et pour le couronner cedant tout ce qu'elle aime,
Son amour s'eſt fait voir plus grand que l'amour meſme.

ALEXANDRE.

Helas! à quelle gloire aſpire voſtre cœur?
Puis-ie regner ſans vous, & vivre auec honneur?
Si vous auez deſſein de ſauuer l'vn & l'autre,
Et de juſtifier ſon amour & le voſtre,
Montez deſſus le Thrône, & par ce doux eſpoir
Conſolez mon amour, & ſeruez mon deuoir.

ISMENIE.

Vous viuriez donc ſans moy, ſi j'eſtois couronnée?

ALEXANDRE.

Regnez ſans éclaircir ma triſte deſtinée.

ISMENIE.

Pour la remplir, Seigneur, vous deuez eſtre Roy.

ALEXANDRE.

Regneray-ie ſans vous, & viurez-vous ſans moy?
Non, non, connoiſſez mieux toute ma deſtinée;
D'vn coſté regardez l'amour infortunee;
Et puis jettez les yeux ſur la triſte amitié.
Où peut-on voir vn ſort ſi digne de pitié?
Ce cher Demetrius qui m'a ſauué la vie,
Luy qui ſeul m'a ſauué mon aimable Iſmenie,
Perdra-t'il tout ſon bien, vous, l'Empire, & le jour?

ISMENIE.

Prince, connoiſſez mieux le but de ſon amour.
Il ne me cede pas en cedant la Couronne,
Et ſi vous mépriſez ce qu'il vous abandonne,

DEMETRIVS,

Voyez que cet amy par vn faux desespoir
Ainsi que vostre amour trompe vostre deuoir.

ALEXANDRE.

Quel que soit son motif, n'ostons rien à sa gloire:
Quand ie pourrois douter de ce que j'en dois croire,
Puis-je sans estre indigne & de vous du jour,
Perdre vn amy si cher, & trahir son amour?
Dans l'estat malheureux où ma flame est reduite,
Mon honneur ne se peut sauuer que par la fuite;
Ie ne puis vous ceder, ny regner qu'auec vous :
Tout party m'est fatal ou peu digne de nous;
Et de peur de choisir ie fuis vostre presence.
Seule reglez mon sort ; & sur cette asseurance
Ie prens congé de vous, & vay dans ce moment
Reuoir les tristes lieux de mon bannissement:
De là, si de deux biens que pour luy j'abandonne,
Mon Riual veut choisir, & garder la Couronne,
Vostre Amant reuiendra passer à vos genoux
Des jours, que par vostre ordre il gardera pour vous.

ISMENIE.

Quoy, me quitter si tost?

ALEXANDRE.

Peu sçachant ma venuë,
Ma fuite cette nuit en sera moins connuë:
Vn prompt depart faisant douter de mon retour,
Peut épargner vn peu de honte à mon amour.

ISMENIE.

Ah ! deuoir trop cruel!

ALEXANDRE.

Quoy, vous pleurez, Princesse?
Adieu, ie fuis des pleurs qui tentent ma tendresse,
Et vay dans mon exil attendre vn sort plus doux,
Et du temps, & des Dieux, & plus encor de vous,

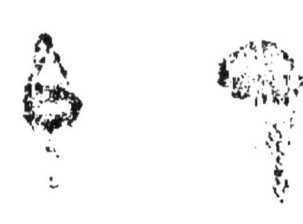

SCENE V.
ISMENIE, LAODICE.

LAODICE.

Qvoy, le Prince s'enfuit, & cet ingrat vous quitte?

ISMENIE.

Il fuit, & cette fuite est d'vn si grand merite,
Que si son cœur eust pû se rendre à d'autres soins,
Peut-estre mon amour l'en estimeroit moins.

LAODICE.

Est-il rien à ce Roy si cher que sa Maistresse?

ISMENIE.

Peut-il viure en ces lieux sans honte & sans foiblesse?
Trahira-t'il l'espoir de son liberateur?
Regnera-t'il sans moy? viura-t'il sans honneur?
Tu sçais mal les deuoirs d'vne ame delicate:
Pour fuir le nom d'injuste, & le titre d'ingrate,
Elle peut negliger ce qu'elle aime le mieux;
Et dans l'ordre des biens qui luy sont precieux,
Quelque amere douleur qu'en souffre sa tendresse,
L'honneur est vn degré plus haut que la Maistresse.
Il ne se dément point, tu sçais auec quel cœur
Il souffrit sa disgrace en quittant sa Grandeur:
Le Roy toûjours fidelle à sa reconnoissance,
Semble auoir oublié son Thrône & sa vangeance,
Et de ses Alliez negligeant le secours,
Sa vertu fait par tout la gloire de ses jours.
Cependant, qu'il est dur de voir fuir ce qu'on aime?
Ie ne sçay quoy m'entraine, & m'arrache à moy
    mesme.

DEMETRIVS,

Allons suiure le Prince, & dans les mesmes lieux
Attendre vn meilleur sort & du temps & des Dieux.

LAODICE.
Vous le suiure ? vous fuir ?

ISMENIE.
Excuse ma foiblesse,
Voy les biens que ie fuis, & les maux que ie laisse.
Vn Roy m'aime en ces lieux, vn Roy peut tout oser,
Et cette seule crainte a de quoy m'excuser;
Mais ie crains plus encor de mon amour extrême;
Puis-ie aimer, puis-ie viure, & perdre ce que j'aime?

LAODICE.
Madame, oubliez-vous ce que vous vous deuez?

ISMENIE.
Ou la fuite, ou la mort.

LAODICE.
Fuyez donc, & viuez.

Fin du second Acte.

ACTE III.

SCENE PREMIERE.
MILON, TELAMON.

MILON.

AH, que ie suis heureux d'empescher cette fuite!

TELAMON.

Par voftre ordre, Seigneur, j'obferuois fa conduite;
Mais qui l'euft iamais crû, que dans vn mefme iour
Sa fuite de fi prés euft fuiuy fon retour?

MILON.

Il m'eftoit trop fufpect pour le laiffer fans garde ;
Comme à le laiffer fuir tout mon bien fe hazarde,
Sans me fier qu'à moy j'ay fuiuy ton aduis;
Au fortir de Dodone enfin ie l'ay furpris,
Au moment qu'il entroit dans ce lieu Propheti-
que,
Dans la foreft fameufe où l'Oracle s'explique.
En ramenant le Prince, & rentrant dans ces lieux,
La Princeffe paroift comme vn Aftre à mes yeux :
A chercher fon Amant cette Belle empreffée,
Ayant l'efprit troublé, plein de cette penfée,

Elle me prend pour luy, m'arreste par le bras,
La Lune foiblement éclairoit ses appas.
O Dieux ! qu'en cet estat elle me parut belle !
Cet amas de clartez qu'on voit briller en elle,
De l'Astre de la nuit prenant vn foible iour,
Inspiroit moins de crainte, & donnoit plus d'amour.
Pouuez-vous fuir sans moy, Prince ? s'escria-t'elle,
Mais voyant son erreur, *c'est toy, Monstre infidelle*;
Elle fuit, & le Prince, en luy tendant la main,
Vous me suiuiez, dit il, *& ie fuyois en vain.*
Tu vois quelles horreurs a pour moy la Princesse,
Ma fureur redoubloit en voyant leur tendresse;
La mutuelle ardeur de leurs brûlans soûpirs
Allumoit ma colere, & glaçoit mes desirs.
Voyant mon Riual seul, de nuit, sous ma puissance,
Mon amour me tentoit d'acheuer ma vangeance,
Et surpris par l'appas de cette occasion
Il laissoit échapper son indignation.
De cet heureux Amant j'allois trancher la vie;
Mais ma fureur a craint le couroux d'Ismenie;
Ie perdois mon Riual si j'auois moins aimé,
L'amour armoit mon bras, l'amour l'a desarmé.

TELAMON.

Mais pourquoy dans ces lieux retenir Alexandre ?
C'est vn Riual de plus dont il vous faut défendre.

MILON.

Ah, ie ne crains de luy que son éloignement.
Voy si ma Politique agit sans fondement :
Mon Riual ne se peut sauuer que par l'absence,
Loin de nous il pourroit armer pour sa puissance.
D'ailleurs le Tyran seul est bien plus dangereux,
I'affoiblis l'vn par l'autre estant icy tous deux :
Si l'vn fuit, l'autre icy regneroit sans contrainte,
Et pour perdre du Peuple & la haine & la crainte,

TRAGEDIE.

Il pourroit publier qu'il vouloit tout quiter,
Mais qu'Alexandre a fuy pour ne rien accepter.
I'oste à nostre Tyran vn si grand auantage ;
La fuite d'vn Riual luy donne de l'ombrage,
Elle luy rend suspect cet amy genereux,
Et d'vn accord fatal va rompre tous les nœuds.
Il l'a fait arrester, & cet éclat de haine
Brise le premier nœud d'vne si forte chaîne,
Et si nostre Tyran attente sur le Roy,
Il tombe sans ressource, & tout dépend de moy.
Il vient.

SCENE II.

DEMETRIVS, TELAMON, MILON.

DEMETRIVS.

Qve Seleucus le garde, & m'en réponde.

MILON.

Cette fuite, Seigneur, étonne tout le monde.

DEMETRIVS.

M'ayant fait voir tous deux de si beaux sentimens,
Ce procedé confond tous mes raisonnemens.
Quelle fuite iamais fut si précipitée ?

MILON.

Auant que de venir ils l'auoient concertée.

DEMETRIVS.

Mais ie la luy quitois, pourquoy me l'arracher ?

MILON.

Vos offres n'ont seruy qu'à les effaroucher,
Alexandre a trop crû sa lâche défiance.
Mon Riual, disoit-il, *quite tout ; l'apparence !*

Quelque piege est tendu sous de si beaux appas,
Fuyons, fuyons, Princesse, & ne l'attendons pas.
Tandis que la Princesse estoit sous vostre Empire,
Il n'osoit attenter sur le Thrône d'Epire;
Mais de ces deux tresors l'vn estant enleué :
Il eust demandé l'autre aprés s'estre sauué.

DEMETRIVS.

Que de diuers transports mon ame est possedée !
Quoy ? l'enleuer aprés que ie l'auois cedée ?
L'enleuer, & m'oster par cet injuste effort
Le fruit de mes douleurs, & le prix de ma mort ?
Ie luy rendois le Sceptre, & dans mon zéle extréme
Ne pouuant sans mourir luy quiter ce que j'aime,
I'allois mourir pour luy, sans que mon amitié
Par ces preuues de foy si dignes de pitié,
Pour toutes mes douleurs, & pour toutes mes pertes
Pretendist que l'honneur de les auoir souffertes,
Et luy, que ie comblois de gloire & de bon-heur,
Le perfide, l'ingrat, me rauit cet honneur ?
Pour remettre en ses mains la supréme puissance,
I'entre dans les horreurs d'vne indigne alliance,
Ie suis pour le sauuer le gendre d'Artaban ;
Et pour tant de bien-faits il me traite en Tyran ?
Il m'enleue Ismenie, il s'enfuit auec elle ?
Ie te connoissois mal, amy trop infidelle.

MILON.

Vous le connoissez mal encore en ce moment
Lors que vous l'accusez de ce rapt seulement ;
Athenes, où j'ay sçeu que s'adressoit sa fuite,
L'aime, & vous hait assez pour en craindre la suite.

DEMETRIVS.

Craindray je pour le Sceptre ? il a pû l'accepter.

MILON.

Il croit plus glorieux de venir vous l'oster;

TRAGEDIE.

Vn Empire conquis a pour luy plus de charmes:
Il veut au droit du sang joindre celuy des armes,
Vanger l'honneur du Trône, & dedans vostre sang
Se lauer de l'affront d'auoir perdu son rang.

DEMETRIVS.

Sans chercher ces raisons pour le charger d'vn crime
Dont ie ne puis auoir de soupçon legitime,
Cette fuite infidelle, & cet enleuement
Sont les dignes sujets de mon ressentiment.
L'ingrat ! & ie voulois luy quiter la Couronne ?
Lâcheté trop infame où l'amour m'abandonne,
D'vn faux éclat d'honneur fantôme reuestu,
Ne prens plus dans mon cœur le tiltre de vertu.
Qu'estes-vous deuenus dans ce desordre extréme,
Beaux desirs de regner, amour du Diadéme ?
Vous qui deuez remplir toute l'ame d'vn Roy,
Ay-je pû vous ceder pour vn amy sans foy ?
Reprenez pour toûjours l'empire de mon ame.
Et vous, cheres ardeurs d'vne immortelle flame,
Que l'aueugle amitié trahissoit lâchement,
Rallumez-vous au feu de mon ressentiment.
Ah ! Milon, que ne puis-je esperer d'Ismenie
Quelque adoucissement à ma peine infinie !
Ah, que de cet ingrat ie prendrois à mon tour
Vne douce vangeance & chere à mon amour!
Mais que puis-je esperer dans mon malheur extréme?

MILON.

Contre vostre malheur n'employez que vous mesme,
Pour gagner Ismenie offrez-luy vostre main,
Offrez-luy la Couronne en Amant souuerain,
Et pour ne trouuer plus d'obstacle à vostre flame,
Et du Trône, & du lit, bannissez vostre femme.
Separez des desirs qui s'accordent si mal,
Les soins de vostre amour, & l'amour d'vn Riual.

D

Perdez l'vn ; gardez l'autre auec plus de courage,
Vous aimez, vous regnez ; en faut-il dauantage ?
Pour seruir vostre amour commencez d'estre Roy.
DEMETRIVS.
Dois-je armer contre luy ce qu'il quite pour moy ?
MILON.
De vostre offre du Trône il a sçeu se deffendre
Pour vous précipiter d'où vous vouliez descendre;
C'est du sang de Pyrrus l'ambitieux espoir,
D'arracher vn honneur qu'il ne veut pas deuoir.
DEMETRIVS.
Ce soupçon est injuste, & ta rage ennemie…
MILON.
Prenez-vous son party ?
DEMETRIVS.
   Ie hay la calomnie.
MILON.
Seigneur, la défiance est la vertu des Rois.
DEMETRIVS.
Dy plûtost des Tyrans.
MILON.
   Vous en auez le choix ;
Roy, Tyran, quelque nom que prenne vn nouueau
 Maistre,
Il doit craindre toûjours quiconque a droit de l'estre;
Pour bien regner, il faut craindre plus d'vne fois;
Et toûjours les soupçons sont du conseil des Rois.
DEMETRIVS.
Si l'on ne peut regner ou sans crainte ou sans cri-
 me,
Ie renonce à ce Trône injuste ou legitime.
MILON.
Pensez-vous qu'il vous soit facile d'en sortir,
Qu'il soit seur d'en descendre, & de vous démentir?

TRAGEDIE.

On ne fait point divorce avec le rang suprême:
Il faut le retenir en dépit de soy-mesme.
Prince ou Tyran, qui cede est prest à succomber,
Et l'on ne descend point du Trône sans tomber.
Pour garder seurement & le Trône & la vie,
Perdez vostre Rival, regnez sans jalousie;
Ou si vous resoluez encor de l'espargner,
Seigneur, sortez du Trône, & le laissez regner.
Il sçaura mieux que vous vser de mes maximes.

DEMETRIVS.
Il sçaura mieux que moy te punir de tes crimes.

MILON.
Quels crimes ? c'est pour vous seulement que j'en
 fais.

DEMETRIVS.
Pour moy, lâche ! fuy, Monstre, & ne reviens jamais.

SCENE III.
DEMETRIVS, TELAMON.

DEMETRIVS.

QV'auec iuste raison ie bannis cet infame !
Le dangereux poison, qu'il verse dans mon ame
M'a si fort déguisé, que d'vn esprit confus
Ie me cherche moy-mesme, & ne me trouue plus.
Où sont tes sentimens autrefois si sublimes,
Où l'amour des vertus, où la hayne des crimes ?
Par quel bizarre effet, par quel déreglement
Ce qui te fit horreur te paroist-il charmant ?
L'amour ne sçauroit-il entrer dedans vne ame
Sans y jetter le trouble aussi-tost que sa flame ?

DEMETRIVS,
Sera-t'il toûjours mal auecque la raison,
Et ne peut-il regner sans quelque trahison ?
Escoute enfin la voix du remors qui t'accuse,
Tyran, & romps enfin le charme qui t'abuse.
Mais quel charme plûtost qui t'empesche de voir
Que Milon sert ma gloire, & soûtient mon deuoir ?
Il me veut conseruer mon Sçeptre & ma Maistresse,
L'autre me les rauit ; ah ! c'est trop de foiblesse.
Gardes, suiuez Milon ; ie suis prest à l'oüir,
Qu'il vienne, mon couroux vient de s'éuanoüir.
Telamon sort & Arsinoé entre.
Ie veux tout accorder au secours de ma flame,
S'il faut perdre vn amy, détrôner vne femme,
Ie ne refuse rien pour en venir à bout,
Et ce cœur amoureux est capable de tout.

SCENE IV.

ARSINOE', DEMETRIVS.

ARSINOE'.

Qv'entens-je !

DEMETRIVS *sans voir Arsinoé*

C'en est fait ; ie suiuray ton enuie;
Perisse Arsinoé ; viue & regne Ismenie;
Meure Alexandre.

ARSINOE'.
O Dieux !

DEMETRIVS.
I'y consens sans regret:
Reuiens.   *à Arsinoé.*
Dieux ! osez-vous entrer dans mon secret ?

TRAGEDIE.

Ce lâche procedé marque vostre naissance :
Mais vostre jalousie a pris trop de licence,
Et de quelque dessein dont ie vous sois suspect,
M'éclairer de si prés c'est manquer de respect.
Et bien, vous n'auez plus aucun doute dans l'ame,
Vous estes éclaircie, & connoissez ma flame ;
Vous auez découuert auec vos soins jaloux,
Que j'aime vne beauté plus aimable que vous;
Pour vous éclaircir mieux ie veux bien le redire,
Ismenie est l'objet pour qui mon cœur soûpire,
M'entendez-vous, Madame ? instruite de mon choix,
Songez à faire place au sang de tant de Rois,
Allez luy raconter, mais sans reserue aucune,
Que mon amour luy fait raison de sa fortune
Qui n'a pas daigné mettre vn Sceptre dans ses mains,
Dignes de gouuerner l'Empire des humains.
Ayant receu le mien, rendez-luy vostre hommage,
Si vostre fier orgueil, vostre jalouse rage
Ne peuuent s'abaisser à cette iuste loy,
Songez pour obeïr que ie suis vostre Roy.
Adieu, suiuez mon ordre.

SCENE V.

ARSINOE' seule.

Est-ce vn charme, est-ce vn songe,
Qui dás vne erreur folle, & m'entraîne, & me plonge ?
Le traistre a déja fait vn choix à son amour :
Celle que sa beauté fait regner dans ma Cour,
Que ie hay d'autant plus qu'elle est plus adorée,
Pour comble de malheurs me sera préferée.

D iij

Le perfide a-t'il crû qu'il s'adreſſoit à moy?
Eſt ce à moy qu'il parloit? à moy, qui l'ay fait Roy?
Ah, Tyran, ſuis aux traits de ma juſte colere,
Si le Trône eſt mal ſeur contre ceux de mon pere,
Crains en moy la fureur de mes fameux parens,
D'vne race fatale à l'orgueil des Tyrans.

Milon entre auec Telamon.

Souuiens-toy par quel ſang & par quelle victime
Artaban te vendit vn Trône illegitime.
Tyran, ie ſuis ſon ſang, j'ay ſa rage en mon ſein,
Son orgueil dans mon cœur, & ſa foudre en ma main.
Mais que fais-je? quelqu'vn pourroit icy m'entendre.

SCENE VI.

ARSINOE', TELAMON, MILON.

ARSINOE'.

C'Eſt toy, Milon, reuiens; ie te veux tout apprendre.

MILON.

Par ordre exprés du Roy, ie reuenois icy.

ARSINOE'.

Arreſte; il faut enfin que tu ſois éclaircy.
Telamon, ayez ſoin qu'aucun ne nous ſurprenne.
Milon, tu viens de voir vn éclat de ma haine,
Tu ſçais que mon amour eſt l'vnique ſecours
A qui Demetrius doit ſa gloire & ſes iours;
Meſme encore pour luy ie ſens quelques tendreſſes;
Mais il eſt temps enfin d'étouffer ces foibleſſes,
Tu vois mes déplaiſirs, tu vois ſi j'ay raiſon
D'armer la trahiſon contre la trahiſon,

TRAGEDIE.

Qui s'apreste à trahir consent qu'on le trahisse.
Enfin si ce dessein auoit moins de iustice,
Il ne se seroit pas étably dans mon cœur,
Auec tant de repos, de calme, & de douceur.
Depuis que mon esprit le contemple & l'embrasse,
Nul penser pour le Roy ne m'a demandé grace;
Tous demandent sa mort ; maintenant c'est à toy
D'en aduertir le traistre, ou de te joindre à moy.

MILON.
O Dieux!   ### ARSINOE'.
            Pour t'engager à suiure ma querelle,
Ne t'imagine pas qu'en ce lieu ie rapelle
Tant de bien-faits receus d'Artaban & de moy;
Aux vrais hommes de Cour, aux hommes comme
C'est vn foible motif que la reconnoissance;   (toy,
Oublier les bien-faits c'est leur haute prudence;
Il faut, à qui s'en sert, & les veut retenir,
Le charme du present, l'espoir de l'aduenir.
Laisse à part mes faueurs & celles de mon pere,
Et songe seulement à ce que ie puis faire.
Tu te vois Fauory, mais d'vn Maistre inconstant,
Difficile à garder, inquiet, mécontent.
Veux-tu toûjours marcher entre ces précipices?
Voicy pour en sortir des momens fort propices.
Ose, prens cœur, suy-moy d'vn pas ferme & con-
    stant;
Le Tyran mort, Milon, la Couronne t'attend.

MILON.
Pensez-vous bien, Madame, à l'horreur de ce crime?
ARSINOE.
Pour perdre qui trahit tout semble legitime.
MILON.
Mais ne sentez-vous point ces remors, ces terreurs,
Que l'image du crime imprime aux plus grāds cœurs?

ARSINOE.

Toy, parler de remors ? ô Dieux, quelle impudence!
Milon m'ose parler d'honneur & d'innocence?
Auec quel front, cruel, à mes yeux oses-tu
Me faire des leçons d'honneur & de vertu?
Toy, l'amy d'Artaban....

MILON.

Agreable colere!
A ces marques en vous ie connois vostre pere.
Digne sang d'Artaban, pardonnez vne horreur
Que j'ay feinte à dessein de sonder vostre cœur.
Grace aux Dieux, ie vous voy courir à la vangeance
En fille du Heros dont vous pristes naissance,
Qui dans ses plus hardis & plus sanglants efforts
A veu toûjours son ame au dessus du remors.
Ie me joins auec vous, & vay mettre en vsage
Le bel Art dont sous luy ie fis apprentissage.
Instruit par les leçons de vos dignes parens,
Ie cours ensanglanter le Thrône des Tyrans,
Et du grand Artaban surpassant les maximes,
Par vn crime plus grand couronner tous ses crimes.

ARSINOE'.

Ie reconnois Milon à ces beaux mouuemens.

MILON.

Connoissez jusqu'au bout quels sont mes sentimens:
L'ardeur de vous seruir où mon cœur s'abandonne,
Redouble par l'horreur que le Tyran me donne.
Le lâche a pû former le dessein de quitter
Ce que de tout son sang il deuroit acheter;
Il condamne Artaban, & maintenant n'aspire
Qu'à vous oster, l'ingrat, les marques de l'Empire:
Iugez du traitement que j'en puis receuoir,
Ces inégalitez m'ont mis au desespoir;

TRAGEDIE.

J'ay voulu vous trahir pour tâcher de luy plaire,
Broüiller tout pour me rendre encor plus necessaire,
Le Tyran maintenant m'a mis de son secret,
Ie le sers contre vous, & le sers à regret;
Mais il verra bien-tost, si le Ciel m'est propice,
Quel fruit vos ennemis tirent de mon seruice;
Seule vous regnerez; pour ce coup seulement
Prestez-moy tout entier vostre ressentiment:
Vostre pere Artaban, dont nous suiuons les traces,
Me laissant de l'Estat toutes les fortes Places....

ARSINOE'.

Ces seuretez pour moy sont fort à dédaigner;
Ie songe à me vanger, & non pas à régner,
Et ce cœur amoureux cherche à punir vn traistre,
Plus pour mourir vangé, que pour viure sans Maistre.

MILON.

Si vous perdre auec luy suffit pour vous vanger,
Toutes mes seuretez sont fort à negliger;
Mais joüissez long-temps du fruit de la vangeance;
I'en connois vn moyen digne de ma prudence.
Son Riual doit pretendre au pouuoir Souuerain,
Faisons que pour ce coup il nous preste la main;
I'en fais semer le bruit pour seruir nostre haine,
Et sur luy nous sçaurons en rejetter la peine.

ARSINOE'.

Leur étroite amitié nous deffend ce secours.

MILON.

Leur étroite amitié n'a plus le mesme cours;
Le Prince descendoit jusqu'à cette foiblesse,
De fuir, & de ceder le Thrône, & la Princesse;
Mais j'ay sçeu déguiser sa fuite auec tant d'art,
Que le Tyran l'a fait arrester de sa part.
Pour seruir son amour encore il me rappelle,
Et ie vay luy donner vn conseil si fidelle

Qu'il faut que son Riual, ou perisse aujourd'huy,
Ou force sa douleur à s'armer contre luy.
ARSINOE'.
Mais comment l'engager dans nostre confidence?
MILON.
Se commettre au hazard est quelquefois prudence.
On seduit aisément des esprits mécontens.
Mais en ce lieu suspect nous sommes trop long temps,
On peut nous soupçonner; que rien ne vous étonne
Seule sans plus tarder vous aurez la Couronne.
ARSINOE'.
Adieu, ie ne la veux que pour te faire Roy.

SCENE VII.

MILON seul.

CE n'est pas mon dessein de regner auec toy;
Vne autre par ma main sur le Thrône éleuée
Doit rendre pleinement ma fortune acheuée.
Quel torrent de bon-heur d'vn cours precipité
M'entraîne dans ce port si long-temps souhaité?
Thrône, Maistresse...

SCENE VIII.

MILON, SELEVCVS.

MILON.

ENfin nous tenons Alexandre.
SELEVCVS.
Confus, & dans son sort ne pouuant rien comprendre,
Il demande à parler, & l'apprendre du Roy.
MILON.
Il n'est pas en estat de l'obtenir de moy.
Et la Princesse?
SELEVCVS.
Helas! triste & desesperée,
Du Prince pour jamais se voyant separée,
Elle donne des pleurs au sort de son Amant.
MILON.
Que ce Prince est heureux d'estre plaint tendrement,
Et pleuré de ces yeux où brillent tant de charmes!
Que n'ay-ie part, Princesse, à de si belles larmes,
Et de ceux qu'à souffrir vos yeux ont condamnez,
Que ne connoissez-vous les plus infortunez!
Les maux que vous pleurez sont moindres que les nostres:
Les pleurs de mon Riual sont vangez par les vostres;
Mais ceux de mon amour & de mon desespoir,
Loin d'estre regretez n'osent se faire voir.
Mais où m'emportez-vous, ridicules foiblesses?
Seleucus, est-ce à moy d'écouter ces tendresses?

Ces soûpirs ne sont pas d'vn cœur comme le mien,
Et la plainte est honteuse à qui n'espere rien.
Ie dois d'autres transports aux ardeurs de mon ame,
Rappellé par le Roy pour conduire sa flame,
I'appreste à mes Riuaux vn trait mortel & noir
Qui ne peut inspirer que haine & desespoir:
Sans leur diuision ma ruine est certaine;
Il faut que mon amour triomphe par leur haine.

SELEVCVS.

Craignez que ces fureurs ne retombent sur vous,
Ie n'attens rien de bon d'vn aueugle courroux,
Qui pour des biens douteux porte tout à l'extrême.
La Fortune, Milon, n'est pas toûjours la mesme,
Et si iusqu'à ce jour elle a suiuy vos pas,
La Fortune se prête, & ne se donne pas.

MILON.

Si tost qu'entre nos mains la Fortune se liure,
Qui la sçait gourmander, la force de le suiure.
A qui peut tout oser & brauer le trépas,
La Fortune se donne, & ne se prête pas.
Prens soin du Prisonnier; cache son innocence,
Et des yeux du Tyran éloigne sa presence.
Va, dy-luy que le Roy luy deffend de le voir,
Au retour tu sçauras jusqu'où va mon espoir,
Tu sçauras que le Ciel par vne illustre voye
Précipite déja le moment de ma joye,
Qu'il ne m'offre pas moins que le tiltre de Roy,
Et qu'il n'est presque rien entre le Thrône & moy.

Fin du troisième Acte.

ACTÉ

ACTE IV.

SCENE PREMIERE.
ALEXANDRE, SELEVCVS.

ALEXANDRE.

Es cruels traitemens ont droit de me surprendre.
Quoy? me faire arrester, refuser de m'entendre,
M'arracher Ismenie, & m'oster la douceur
De pouuoir auprés d'elle alleger ma douleur!
Quand ie quite pour luy Trône, vie, & Maistresse,
Il ose soupçonner ma suite & ma tendresse.
Quel charme m'a rauy mon cher Demetrius?
Est-il si fort changé? ne me connoist-il plus?

SELEVCVS.
Il vous fait arrester quand il craint vostre fuite,
Mais vous estes icy libre sous ma conduite;
Quoy que sur luy l'amour ait pris trop de pouuoir,
Il vous rend Ismenie, & vous la pourrez voir.

ALEXANDRE.
Et ie la pourray voir mon aimable Ismenie?
Tu rends à mon amour vne joye infinie;

E

DEMETRIVS,

Ces bontez d'vn Riual, ces retours de pitié
Me font voir dans son cœur vn reste d'amitié.

SELEVCVS.

Seigneur, vous puis-je enfin parler en confidence ?
N'attendez rien du Roy, craignez sa violence,
Et puisque sa fureur ose tout contre vous,
Songez... Mais vous pourriez vous défier de nous.

ALEXANDRE.

Me viens-tu conseiller par les auis d'vn traistre ?
Viens-tu sonder mon cœur en condamnant ton Maistre ?

SELEVCVS.

Quoy ! mes conseils, Seigneur, vous seroient-il suspects ?

ALEXANDRE.

Garde à Demetrius ton zéle & tes respects;
Puisque le Sort, les Dieux, & ma reconnoissance
Ont mis dedans ses mains la supréme puissance,
Lâche, reuere en luy le sacré nom de Roy,
Et prens de ton deuoir, prens l'exemple sur moy.
Qu'il soüille ce grand Nom par celuy d'infidelle,
Ie ne veux écouter, ny corrompre ton zéle.
Il regne, j'y consens, & fais ce que ie dois :
Apprens par mes respects ce que l'on doit aux Rois.
Si tu veux m'obliger sans honte & sans foiblesse,
Hâte ce doux moment qui me rend ma Princesse;
Ie crains...

SELEVCVS.

Vous l'allez voir.

ALEXANDRE.

Seleucus, ie la voy.

TRAGEDIE.

SCENE II.
ISMENIE, ALEXANDRE, TELAMON, SELEVCVS.

TELAMON.

Madame, vous sçauez quel est l'ordre du Roy;
J'attens vostre réponse auec impatience.
ISMENIE parlant à Seleucus &
à Telamon.
Laissez ce moment libre à nostre confidence.

SCENE III.
ALEXANDRE, ISMENIE.

ALEXANDRE.

Vous puis-je encor reuoir ? qu'en l'estat où ie suis
J'ay souffert loin de vous de peines & d'ennuis !
Mais quoy ? vous paroissez étonnée, interdite.
ISMENIE.
Prince, à quoy pensez-vous deuoir cette visite ?
Ce n'est point aux faueurs d'vn amy genereux ;
C'est à la cruauté d'vn Tyran amoureux :
De ce fatal écrit vous le pourrez apprendre.
ALEXANDRE en prenant le Billet.
Je tremble, je fremis, Madame, à vous entendre.

E ij

Princesse, si vos loix m'ordonnent de perir,
Il faut que mon Riual partage ma fortune;
Que nous tombions tous deux d'vne chûte commune,
Ou que vostre pitié songe à me secourir.

DEMETRIVS.
ISMENIE.
Voilà cet amy magnanime
Qu'on ne pouuoit quiter ny refuser sans crime,
Et pour qui vostre amour m'ose presque trahir.
ALEXANDRE.
Ie te plains, pauure Prince, & ne te puis haïr.
Des conseils de l'amour voyez la tyrannie,
Ou plûtost admirez le pouuoir d'Ismenie,
Dont les traits par vn sort trop digne de pitié
Blessent d'vn coup mortel vne illustre amitié.
ISMENIE.
Excusez-vous encor sa rage & sa foiblesse ?
ALEXANDRE.
Ie sçay sur tous les cœurs ce que peut ma Princesse;
Tous ces déreglemens qu'enfantent ses beaux yeux,
Sont la gloire du Monde, & la faute des Dieux :
Le Roy n'a pû forcer les transports de sa flame,
Vous voyez son dessein ; mais le vostre, Madame ?
Mourray-je ? ou mon Riual a-t'il lieu d'esperer ?
ISMENIE.
Est-ce moy qu'on choisit pour en deliberer ?
Nos malheurs sont trop grāds pour la foible Ismenie,
Et cet injuste choix a trop de tyrannie.
C'estoit tantost à vous, maintenant c'est à moy,
Tantost contre vn amy, maintenant contre vn Roy;
Nous auons, vous & moy, de grā ds combats à rendre;
Vous auez succombé, quel succez puis-je attendre?
Où vous auez cedé, pourray-je resister ?

TRAGEDIE.

ALEXANDRE.

Vn Roy comme vn amy n'est pas à redouter :
Contre vn amy ceder c'est gagner la victoire,
Contre vn Roy resister c'est se courir de gloire ;
Qui cede à son amy, s'il en eust eu le choix,
N'auroit pas consulté pour combatre cent Rois.

ISMENIE.

J'aurois pour ce combat de legeres alarmes
Si vostre amy n'auoit toûjours les mesmes armes;
Mais vsant enuers vous de force ou de douceur,
C'est par vous seulement qu'il attaque mon cœur.
Dans quelle extrémité me reduit sa menace?
Resister est sur vous attirer sa disgrace,
C'est perdre ce que j'aime.

ALEXANDRE.

Et ne resister pas,
C'est me donner cent morts pires que le trépas.
Me reserueriez-vous à ce malheur extrême
De voir à mon Riual posseder ce que j'aime,
Et me faire vous mesme vn si funeste sort,
Pensez-vous que ce soit m'arracher de la mort?
C'est joindre l'infamie à ma triste auanture,
C'est oster tout leur prix aux peines que j'endure,
Et par des cruautez qui font fremir mon cœur,
C'est m'attacher mourant au char de mō Vainqueur.
Me feriez-vous, Princesse, vn destin si contraire?

ISMENIE.

Vous aimez le Tyran, moy ie crains sa colere :
Parce qu'il vous est cher, & que ie crains pour vous,
Ne dois-je pas...

ALEXANDRE.

Percez ce cœur de mille coups;
Adjoûtez ce reproche au mal qui me deuore :
Ouy, ie l'aimois, Princesse, & ce cœur l'aime encore.

DEMETRIVS,

Quand j'ay veu les effets de sa triste amitié,
Ie ne le cele point, ses maux m'ont fait pitié;
I'ay senty comme luy leur violence extrême,
Ie l'ay plaint; j'ay voulu, trop contraire à moy-mesme
Malgré les sentimens de ce cœur amoureux,
Me perdre, vous quiter, & le laisser heureux.
Pardonnez-moy des vœux qui vous ont outragée;
Mon amitié par eux pleinement dégagée,
Si j'ay cedé tantost à son feint desespoir,
Souffre que mon amour s'oppose à son pouuoir.
Madame, c'en est fait : sa violence extrême
Me rend à mon amour, ou plûtost à moy-mesme;
Tout mon cœur maintenant agit en liberté.
Si j'ay contre vn amy foiblement resisté,
Maintenant qu'vn Tyran me declare la guerre,
Seul ie vous défendray contre toute la terre ;
Sans que quelque fureur dont ie sente les coups
Mesme dans mon trépas me separe de vous.
Te dois-je pas, Riual, vne grace infinie,
Non à ton amitié, mais à ta tyrannie,
Puisque ta tyrannie enfin m'a redonné
Ce qu'à ton amitié j'auois abandonné ?

ISMENIE.

Que vous redonne-t'il s'il vous oste la vie?

ALEXANDRE.

La gloire de mourir pour vous auoir seruie,
Et si vous consentez à mon dernier orgueil,
La gloire d'estre aimé mesme dans le cercueil.
Alors que ie cedois à l'amitié fidelle,
Ie fuyois, ie mourois, ie quitois tout pour elle;
Mais m'en voyant trahy, par vn destin bien doux
Ie rends tout à l'amour, & ie meurs tout pour vous ;
Esclaue seulement de la belle Ismenie,
Ie vay par mon amour brauer la tyrannie;

TRAGEDIE.

Victime d'amitié, j'allois perdre le iour,
Et ie mourray pour vous en Victime d'amour.
ISMENIE.
Ah ! vous ne mourrez point.
ALEXANDRE.
Quel dessein est le vostre ?
Puis-je viure, & vous voir entre les bras d'vn autre ?
Est-ce là le secours qu'on offre à mes douleurs ?
ISMENIE.
Ie ne seray qu'à vous malgré tous nos malheurs.
ALEXANDRE.
Le Tyran veut enfin, ma mort, ou ma Princesse.
ISMENIE.
Laissez agir pour vous ma gloire & ma tendresse :
Ie conçois vn dessein grand, noble, genereux,
Vn dessein plein de gloire, & digne de tous deux.
ALEXANDRE.
Qu'auez-vous resolu ? quelle est cette entreprise ?
ISMENIE.
Ie vous aime, Seigneur, que cela vous suffise :
Mon amour fait luy seul ce que ie fais pour vous.
ALEXANDRE.
Est-il quelque secret qui le soit entre nous ?
ISMENIE.
Adieu, le Roy m'attend auec impatience.
ALEXANDRE.
Accablé de douleurs, sans vous, sans esperance…
ISMENIE.
Telamon vient à nous : auant la fin du iour
Tu sçauras ce que peut vn veritable amour.
ALEXANDRE.
Quoy ? Madame…
ISMENIE.
Obeïs, laisse-moy, vis, & m'aime.

SCENE IV.

ALEXANDRE seul.

Que son dessein me jette en vn desordre extrême!
Qu'a-t-elle resolu ? mais n'ay-je pas sa foy ?
I'ay son cœur ; c'est assez, Ismenie est à moy ;
Ie n'ay plus rien à craindre auec cet auantage.
Ciel, Enfer, Dieux, Mortels, que toute vostre rage
Fasse tomber ses traits sur des vœux si contens...

SCENE V.

ARSINOE', SELEVCVS, ALEXANDRE.

ARSINOE' à Seleucus.

Avec ton Prisonnier ie seray peu de temps;
Laisse-moy ; tu nuirois à nostre confidence.

ALEXANDRE.

Que voy-je ? Arsinoé ? Dieux, fuyons sa presence.

ARSINOE'.

Me fuyez-vous, Seigneur ?

ALEXANDRE.

S'adresse-t'elle à moy,
La fille d'Artaban ?

ARSINOE'.

La femme de ton Roy.

TRAGEDIE.
ALEXANDRE.
Ennemy des Tyrans, du Trône, & de ma flame,
l'abhorre également & sa fille & sa femme.
ARSINOE'.
Quoy ? Seigneur, est-ce ainsi qu'on traite mon époux?
Auez-vous oublié ce qu'il a fait pour vous ?
Ne vous souuient-il plus auec quelle tendresse
Pour défendre vos iours, pour sauuer la Princesse,
Contre les interests de sa propre grandeur,
Contre ses amis mesme animant sa valeur,
Sans épargner le sang de qui prit sa querelle,
Au grand art de regner il parut infidelle?
C'est à ses grands efforts que vous deuez le iour;
C'est luy seul qui sauua l'objet de vostre amour.
ALEXANDRE.
Acheuez ce reproche, & dites-tout, Madame ;
Dites qu'il m'a sauué par vn Hymen infame,
Qu'il sauua ma Princesse en vous donnant la main,
Et qu'enfin c'est pour nous qu'il s'est fait Souue-
    rain;
Mais s'il sauua mes iours & ceux de ma Princesse,
De ce qu'il m'a donné voyez ce qu'il me laisse :
Il demande Ismenie, & menace mes iours :
Dois-je pas détester ce funeste secours?
Qu'a fait son amitié que n'ait détruit sa rage ?
Que ne me laissoit-il dans ce sanglant naufrage,
Où mon Trône tombant ie serois mort en Roy ?
Le Tyran me creusoit l'abysme où ie me voy:
Connoissant le pouuoir qu'il auoit sur mon ame,
L'ingrat ne me sauua que pour seruir sa flame,
Pour me desesperer par vn faux desespoir,
Faire perir ma flame, & trahir mon deuoir;
Voilà ce que ie dois à cet amy fidelle.
Vous, qui me reprochez la grandeur de son zèle,

Qui femme d'vn amy qui deuient mon tyran,
Ne m'offensez pas moins que fille d'Artaban,
Venez-vous m'insulter, ou brauer ma colere?
Si la mort à ma haine a rauy vostre pere,
I'ay dequoy me vanger ; vostre époux vit encor,
Et puisqu'il veut m'oster mon vnique tresor,
Qu'il n'attende plus rien d'vne amitié blessée,
D'vn deuoir violé, d'vne amour offensée.

ARSINOE'.

Ah ! ce ressentiment est si digne de vous,
Que mon cœur prés de luy s'allume de couroux.
Quelque nœud qui m'attache au sort de ce parjure,
Ie vous offre ma main pour vanger vostre injure,
Contre la tyrannie, & l'injuste fureur
Tout me semble permis, tout crime est sans horreur.

ALEXANDRE.

O Dieux !

ARSINOE'.

Refusez-vous l'offre d'vne ennemie ?

ALEXANDRE.

Va porter loin de moy ta lâche persidie ;
Laisse à mon innocence à guerir mes douleurs :
Tes conseils me feroient meriter mes malheurs.

ARSINOE'.

Ta foiblesse merite vn destin plus contraire.

ALEXANDRE.

Digne d'vn tel époux, & digne d'vn tel pere,
Dans le ressentiment où ta fureur m'a mis,
Tu me fais plus d'horreur que tous mes ennemis.
Oses-tu me choisir pour l'effroyable crime
Qui doit faire perir ton époux legitime ?
Si mon ressentiment demandoit son trépas,
l'ire faire la guerre, & non des attentats.

TRAGEDIE.

Ie dois, Demetrius, excuser ta furie,
De cette infame Cour l'horreur te iustifie;
En vain dedans ces lieux ta gloire a combatu,
Si tout ce qui t'approche a soüillé ta vertu.
Barbare, qui t'inspire vne action si noire?
D'vn si sensible affront ie vangeray ma gloire;
Le Roy vient.

ARSINOE'.
Est-ce agir en homme genereux?

ALEXANDRE.
Ie sçay ce que ie dois.

ARSINOE'.
O succez malheureux!

SCENE VI.

DEMETRIVS, ALEXANDRE, ARSINOE', MILON, SELEVCVS.

MILON.
C'Est le Prince & la Reyne.

DEMETRIVS.
Euitons leur presence.

ALEXANDRE.
Demetrius, écoute vn aduis d'importance;
Arreste.

DEMETRIVS.
Quel aduis?

ARSINOE' à Milon bas.
Il va tout dire au Roy.

ALEXANDRE.

Malgré les traitemens que j'ay receus de toy,
Quand les auis d'vn traiſtre aueuglant ta conduite,
Te font craindre ma haine, & ſoupçonner ma fuite
Cet amy malheureux te voyant en danger
Par zéle & par pitié t'aduertir d'y ſonger;
Mais apprens que du Ciel la puiſſance ſuprême
Aprés ce grand ſecours t'abandonne à toy meſme,
Et peut-eſtre le trait que retenoient ſes ſoins
Va partir de la main dont tu l'attens le moins.

DEMETRIVS.

Quoy! vous me menacez?

ALEXANDRE.

Aprés ta violence,
Ce n'eſt plus ton reſpect qui m'impoſe ſilence,
Et ſi d'autres motifs ne retenoient mon bras,
Alexandre trahy ne menaceroit pas.
M'as-tu crû hors du Trône auec tant de foibleſſe,
Pour te précipiter du rang où ie te laiſſe?
M'as-tu crû ſans amis, ſans force, & ſans pouuoir?
Rentre enfin en toy-meſme & ſonge à ton deuoir.
Sur tout n'offenſe pas l'adorable Iſmenie;
Eſpuiſe ſur moy ſeul ta lâche tyrannie.
Songe que ſi ie veux croire la trahiſon,
Ie puis brauer ta haine & rompre ma priſon.
C'eſt peu de ce ſecours qu'on offre à ma vangeance,
Peut-eſtre encor le peuple arme pour ma défence.
Oſe, ſi tu le peux, te défier de moy:
Moy ſeul que tu trahis, moy ſeul ie ſuis pour toy.
Mon malheur m'a forcé de te deuoir la vie:
Ie veux te la deuoir malgré ta perfidie,
Mais en t'aduertiſſant qu'on menace tes iours,
Ie te rends ton bienfait par vn ſi grand ſecours.

Adieu,

TRAGEDIE.

Adieu, joüis, ingrat, de ma reconnoissance:
Vn reste d'amitié s'oppose à ma vangeance,
Et si tous ont pour toy mesme fidelité,
Tu viuras plus heureux que tu n'as merité.

SCENE VII.
DEMETRIVS, ARSINOE', MILON.

ARSINOE' bas.

AH! Prince genereux!
   MILON au Roy.
     Orgueil insuportable!
DEMETRIVS.
Mais plûtost, ô bonté qui sans cesse m'accable!
Ie menace sa vie, & loin de se vanger,
Mon Riual m'aduertit quand ie suis en danger.
Ah! trop sensible amy d'vn lâche & d'vn perfide,
Que ne te lasses-tu d'aimer ton homicide!
Que n'es-tu plus barbare, ou moy plus genereux!
Que n'es-tu moins sensible, ou moy moins amou-
 reux!
Source de trahisons, de desordre, & de flame,
Amour, rends-moy, Tyran, l'empire de mon ame.
    à Milon.
Voy quels troubles, quels maux vont produire mes
 feux;
Voy l'aduis que m'en donne vn Riual genereux.
MILON.
Vous laissez-vous corrompre à l'aduis qu'il vous
 donne?

F

ARSINOE.
Quoy ! Seigneur ?
DEMETRIVS.
Est-ce vous qu'il faut que ie soupçonne ?
ARSINOE.
Moy, grands Dieux ?
DEMETRIVS.
L'innocente ! osez-vous démentir
Le crime dont le Prince a voulu m'aduertir ?
Dans ce soupçon mon ame est toute confirmée :
La frayeur dont tantost vous estiez alarmée,
Et qu'en vain vostre front tâche à dissimuler,
Dit assez que c'est vous dont il vouloit parler.
MILON *bas*.
Dans quels nouueaux perils me met sa défiance ?
DEMETRIVS.
Cet orgueil qui parloit auec tant d'asseurance,
S'est-il éuanoüy ? parlez, rasseurez-vous.
ARSINOE.
Ie me trouble ; il est vray, mais c'est pour mon époux.
De mes tendres frayeurs ignorez-vous la cause ?
Voyant à quels perils vostre amour vous expose,
Par le funeste aduis qu'on vient de vous donner,
Sur ce trouble amoureux m'osez-vous soupçonner ?
DEMETRIVS.
Ah ! j'interprete mieux d'où vous naist cette crainte
Mais parmy tant de maux dont mon ame est atteinte
J'abandonne ma vie à tout vostre couroux,
Ie me liure à vos traits, ie m'expose à vos coups.
Soyez pour moy sans foy, sans pitié, sans tendresse,
J'ay trahy mon amy, j'ay trahy ma Maistresse ;
Vangez-les, vangez-vous sur vn Roy malheureux ;
Soyez enfin pour moy ce que ie suis pour eux :

TRAGEDIE.

Accablé, desolé, par mon desordre extréme
J'immole à vos fureurs ce reste de moy-mesme.
Par l'exemple d'vn pere instruite aux cruautez,
Signalez jusqu'au bout le sang dont vous sortez,
Et deliurez vn Roy, par grace, ou par vangeance,
Des horreurs de son crime & de vostre alliance.

SCENE VIII.
DEMETRIVS, ARSINOE', TELAMON, MILON.

TELAMON.

Seigneur.

DEMETRIVS.

Viens acheuer mon dernier desespoir.

TELAMON.

La Princesse, Seigneur, se dispose à vous voir.

DEMETRIVS.

Que dis-tu, Telamon ?

TELAMON.

Ie dis que la Princesse...

DEMETRIVS.

A ce nom, quel espoir, quelle prompte allegresse
Sur mes noires douleurs répand vn si beau iour,
Et remplit mon esprit de lumiere & d'amour ?
Ton conseil, cher Milon, me sera fauorable :
Mais pour mieux soûtenir vn espoir adorable,
De grace, sois toûjours mon vnique secours;
Tu vois de tous costez qu'on menace mes iours,
I'aime encore des iours qui sont pour Ismenie,
Ie mets entre tes mains ma cruelle ennemie.

F ij

MILON.
Ne craignez rien, Seigneur, ie feray mon deuoir.
DEMETRIVS.
Vous, cruelle, tremblez, & craignez mon pouuoir.

SCENE IX.

ARSINOE', MILON.

MILON.

NOus voila deliurez d'vne mortelle crainte.
ARSINOE'.
Nous sommes seuls, parlons, agissons sans contrainte
Tu vois pour t'auoir crû le peril que ie cours,
Pour auoir d'Alexandre imploré le secours.
MILON.
Mes soins ne sçauroient rompre vne amitié fidelle;
Puisque tant de soupçons ne peuuent rien sur elle,
Et ne sçauroient broüiller deux Riuaux genereux;
Confondons leurs destins en les perdant tous deux.
I'auois contre le Prince armé la tyrannie ;
I'attendois vn grand coup de l'amitié trahie :
Mais puisqu'enfin de nous il s'ose défier,
Le Tyran doit mourir, & mourir le premier.
ARSINOE'.
Preuenons promptement sa haine, ou sa foiblesse;
Le Prince en a trop dit, & ie crains la Princesse :
Elle va voir le Roy, peut-estre auec dessein
De calmer sa fureur en luy donnant la main.
Perdons sans differer ma superbe Riuale ;
Sa vie à l'vn & l'autre est funeste & fatale ;
Allons, allons sur elle essayer nos fureurs.

TRAGEDIE.

MILON.
Sur Ismenie! ô Dieux!
ARSINOE'.
D'où viennent ces frayeurs?
MILON.
Il faut auparauant se deffaire d'vn traistre,
Affranchir nostre haine, & n'auoir plus de maistre;
Aprés, si la Princesse est digne du trépas,
Ce coup quãd nous voudrons ne nous manquera pas.
Vous, perdez le Tyran, & punissez son crime.
ARSINOE'.
Quoy! faut-il d'vn tel sang faire nostre victime?
MILON.
Quel soudain repentir...
ARSINOE'.
Pardonne ce remors,
L'amour en expirant fait ces derniers efforts;
Mais malgré cet amour ie te liure vne vie
Qui doit estre le prix de celle d'Ismenie:
Perisse cet ingrat qui me manque de foy,
Par ce sanglant traité, Milon, ie suis à toy.
MILON.
Allons tout préparer contre vn couple infidelle.
ARSINOE'.
Ie te répons de luy.
MILON.
Moy, ie vous répons d'elle.

Fin du quatriéme Acte.

F iij

ACTE V.

SCENE PREMIERE.

SELEVCVS, MILON, TELAMON, *entrans de deux divers costez du Theatre.*

SELEVCVS.

AH! Seigneur!

MILON.

C'en est fait, Demetrius est mort.
Mais sçais-tu bien l'autheur de ce sanglant
effort?
Vne fille à nos soins a dérobé sa vie.

SELEVCVS.

O Dieux!

MILON.

Le croiras-tu? l'adorable Ismenie
Est l'instrument fatal d'vn crime plein d'horreur,
D'vn coup pour qui l'Enfer eust manqué de fureur.
On la tient; mais c'est peu de se vanger sur elle:
Vn grand coupable est joint à cette criminelle.
Toy qui gardes ce traistre, enfin fais-le venir;
C'est luy seul, Seleucus, c'est luy qu'il faut punir.

TRAGEDIE.

SELEVCVS.

Mais, Seigneur...

MILON.

Immolons cette grande victime.

SELEVCVS.

Sa fuite le dérobe aux peines de son crime.

MILON.

Que me dis-tu ? grands Dieux !

SELVCVS.

L'assassinat du Roy,
La reuolte du Peuple, vn Palais plein d'effroy,
Ont fait à cette fuite vn succez fauorable.

MILON.

Va reparer ta faute, & suiure ce coupable ;
Tout est perdu pour nous s'il est en liberté ;
Va l'arracher des bras d'vn Peuple reuolté,
Prens nos meilleurs Soldats, & d'vne ardeur si prom-
    pte...

SELEVCVS.

Il ne peut échaper, & j'en rendray bon compte ;
C'est vn foible secours qu'vn Peuple mutiné ;
Au premier choc qu'il souffre on le voit étonné.
Vous, icy sur le Trône, à l'abry de l'orage,
Au dedans du Palais, gardez vostre auantage :
Le Sort l'a commencé, poussez-le jusqu'au bout ;
I'auray soin du dehors, & vous répons de tout.

MILON.

Va, de quelques malheurs que le Ciel nous menace,
Ma peur s'éuanoüit par cette noble audace.

SCENE II.
MILON, TELAMON.

MILON.

AH! si le Sort vouloit s'entendre auecque moy,
Ie me verrois bien-tost heureux Amant & Roy,
Nos mutins dissipez ie n'ay plus rien à craindre ;
Mais pour nous mieux entendre, il faut cesser de feindre,
Pour me connoistre entier, Telamon, sçache enfin,
Si le Tyran est mort, que j'en suis l'assassin,
Et le complice seul de cette perfidie,
Sçache que c'est l'amour du Trône, & d'Ismenie.

TELAMON.
O Dieux !

MILON.
A Seleucus ie cache ma fureur
Pour faire agir son zéle auec plus de chaleur,
En croyant qu'Alexandre a part à ce grand crime.
Ne crains rien : mon dessein rend ce coup legitime.
Au point de tout oser, voyant toûjours le Roy
Reprendre ses soupçons, se défier de moy ;
Voyant qu'il aimoit trop le Prince, & la Princesse,
Soupçonnant son amour, sa haine, ou sa foiblesse,
Nous auons par sa mort préuenu son dessein.
La Reyne pour ce coup m'a dû prester sa main ;
Mais sur le point d'agir, sa haine trop timide
A forcé ma fureur à ce grand parricide.
Ayant sçeu qu'Ismenie estoit auec le Roy,
Dedans vn cabinet toûjours ouuert pour moy,

TRAGEDIE.

J'y cours, j'entre au moment qu'en sortoit la Prin-
    cesse,
Vn fer brille en sa main, dans ses yeux l'allegresse;
Ce poignard me surprend, & flate mon dessein;
Ie la suis, & ie cours l'arracher de sa main;
Ie rentre ; le Roy seul, l'occasion m'engage :
En l'approchant, mon crime étonne mon courage;
Mais plus par ce remors ie me sens attaquer,
Plus ie presse le coup, de peur de le manquer:
Ie frappe ; il tombe ; il meurt ; voyant qu'il est sans
    vie,
Ie sors, en m'écriant, *qu'on saisisse Ismenie,*
Qu'on l'arreste, elle vient d'assassiner le Roy.
Pour conuaincre quiconque eust soupçonné ma foy,
Ce fer estoit graué des Armes d'Alexandre.

TELAMON.
Seigneur, aprés ce coup que pouuez-vous attendre ?

MILON.
La gloire de regner, & la douceur d'aimer.
Mon crime est inconnû ; cesse de m'alarmer :
Tu vois pour mon bon-heur qu'vn hazard fauora-
    ble
D'vn crime tout à moy fait vn autre coupable ;
Cette heureuse imposture a de quoy me couurir.

TELAMON.
Mais ce que vous aimez, le ferez-vous perir ?

MILON.
J'aime trop Ismenie, & pour disposer d'elle,
Mon amour malgré moy la traite en criminelle,
Et pour vaincre l'horreur, qu'elle eut toûjours pour
    moy,
Ie deuiens son témoin, & son Iuge, & son Roy.

TELAMON.
Vous attirez sur vous vne horrible tempeste.

MILON.

Je voy tous les perils qui menacent ma teste;
Auant que m'exposer à ce fatal instant,
Ie les auois tous veus d'vn œil ferme & constant.
Crois-tu que d'vn Roy mort la vaine & foible image
Ou qu'vn lâche remors estonne mon courage ?
Sçache, quand vn grand coup est party d'vn grand
    cœur,
Qu'il redouble sa force, & le ferme à la peur;
L'ame en deuient plus forte, & le bras redoutable;
Tel seroit moins hardy s'il estoit moins coupable,
Et loin qu'vn grand forfait rende vn cœur abatu,
Le crime a ses Heros ainsi que la vertu.

TELAMON.

Mais, Seigneur, vous sçauez les remors de la Reyne,
Vous deuez craindre tout des fureurs de sa haine.
Elle vient.

MILON.

Ne crains rien d'vn si foible transport.

SCENE III.

ARSINOE', MILON, TELAMON.

ARSINOE'.

Quoy! tu m'oses attendre, & mon époux est mort?
Qu'as-tu fait de mõ Roy? rens-le moy, parricide.

MILON.

Quoy! vous repentez-vous de la mort d'vn perfide?

ARSINOE'.

Cruel, mon repentir a préuenu ma main,
Et si ma jalousie en forma le dessein,

TRAGEDIE.

Barbare, as-tu bien crû qu'vn amour en colere
Aux dépens de mon cœur se voulust satisfaire? (cœur
L'amour dont pour mon Roy ie brûlois dans mon
N'estoit pas moins amour quoy qu'il fust en fureur.
Quand ie cours immoler vne si chere vie,
Et qu'vn soudain transport m'en fait perdre l'enuie,
Veux-tu de mon amour vn témoin plus certain,
Que ce tendre remors qui fait trembler ma main?
Tu feins de me vanger pour ton seul auantage,
Acheue pour regner les effets de ta rage,
Ie suis toûjours, ie suis pour ta confusion
Vn obstacle eternel à ton ambition :
Romps ce fatal obstacle, ose tout entreprendre;
Mesle mon sang au sang que tu viens de répandre.
Acheue enfin.

MILON.
C'est trop par d'ingrates douleurs
Me reprocher vn coup qui finit vos malheurs.
I'ay bien d'autres soucis au milieu des alarmes,
Sans ceux de condamner, ou combatre vos larmes;
Ces momens precieux qu'il nous faut épargner,
Ne doiuent s'employer qu'à vaincre & qu'à regner.

ARSINOE'.
Tout ce que ma douleur me laissera de vie,
Ie ne veux l'employer qu'à trahir ton enuie.
Penses-tu me flater aprés la mort du Roy
De l'execrable espoir de regner auec toy?
Lors que ie te promets ma main & la couronne,
Lors qu'à ces lâchetez ma douleur m'abandonne,
As-tu crû profiter de mon aueuglement?
Ma fureur promit tout sans mon consentement :
Maintenant que la mort d'vn époux adorable
Semble te faire au Trône vn chemin fauorable,
Pour regner malgré moy, traistre, n'épargne rien;

Aprés le sang du Roy, perfide, prens le mien.
Grand Roy, qu'ont aueuglé les conseils d'vn infame,
Cher époux qu'a trahy ta malheureuse flame,
Accepte mon remors, & dans mon desespoir
Voy que ie songe au moins à faire mon deuoir.
Toy qui veux m'épargner, pour t'en oster l'enuie,
Ie sçauray te forcer à m'arracher la vie. *Elle sort.*

MILON.

Ie ris de ta menace, & ie suis sans effroy,
Ie me possede encor, & ie suis tout à moy.
Allons par ma présence... Ah ! ie voy ma Princesse;
Pour seruir mon amour employons nostre adresse;

à Telamon.

Toy, va de Seleucus apprendre nostre espoir;
Ie te suiuray bien-tost.

SCENE IV.

ISMENIE, MILON, TELAMON.

ISMENIE.

Quel injuste pouuoir,
Quel estrange licence aujourd'huy t'authorise
A te rendre en ces lieux maistre de ma franchise ?

MILON.

Demetrius est mort, & mort par vostre main.

ISMENIE.

Par ma main, imposteur !

MILON.

Vous le niez en vain;

Pour

Pour vos seuls interests jaloux de vostre gloire,
I'ay sauué vostre main d'vne action si noire,
Et pour vostre innocence obstiné contre tous,
I'impute cette mort à tout autre qu'à vous.
ISMENIE.
Ose-t'on m'imputer les effets de ta rage?
MILON.
Quoy qu'il en soit, Madame, on le croit vostre ou-
urage.
ISMENIE.
D'vn poignard arraché pers-tu le souuenir?
MILON.
Ce poignard vous accuse, & ie vous dois punir.
Cessez de vous troubler; ie regne par ce crime,
Et Roy, ie vous fais part d'vn Sceptre legitime;
Mettez-vous sur le Trône à l'abry de ces coups
Qu'Arsinoé s'appreste à lancer contre vous,
Et prenant de ma main ce superbe auantage...
ISMENIE.
Dieux! me condamniez-vous à ce sanglant outrage!
Quoy! le perfide autheur de tous nos déplaisirs,
Iusqu'à moy, jusqu'au Trône esleue ses desirs!
Traistre, quelle fureur t'a donné la licence
De disposer du Trône & de mon innocence?
Tantost tu m'as surprise vn poignard à la main,
Et tu l'as fait seruir à ton cruel dessein;
Mais si de ton Monarque immolé par ta rage
Ce coup ne m'eust osté l'illustre témoignage,
Tu sçaurois que du fer que j'auois prés du Roy
Ie voulois préuenir vn Tyran comme toy;
Tu sçaurois que pour fuir sa lâche tyrannie,
Ie voulois de ma main sacrifier ma vie,
Et brauer par ma mort vn injuste pouuoir,
Et qu'enfin j'auois sçeu par ce beau desespoir
G

DEMETRIVS,

Fléchir nostre Tyran, & le couurir de honte.
Mais est ce à son bourreau que j'en dois rendre compte?

MILON.

Ignorez-vous le rang que ie tiens dans ces lieux?
En faisant mon deuoir ie vous l'apprendray mieux,
Demetrius mourant m'a laissé sa puissance:
Milon, m'a-t'il dit, *regne*, *& songe à ma vangeance*.
Rappellant dans mon cœur cette mourante voix
I'abandonne vos iours à la foudre des loix:
Mais pour mieux commencer vn si iuste supplice,
Ie vay de ton Amant me faire vn sacrifice.

ISMENIE.

Mon Amant, grace aux Dieux, n'est plus en ton pouuoir.

MILON.

Seleucus va bien-tost confondre ton espoir.
Cependant nous verrons cette insolente audace
Prés des tourmens trembler, & me demander grace:
Il ne sera plus temps.

ISMENIE.

Menace, & fay le Roy;
Voilà le traitement que j'attendois de toy,
Ce sont là tes douceurs; l'injure & la menace
Dans la bouche d'vn traistre ont bié meilleure grace:
Montre toy tout entier, ne te déguise point.

MILON.

Ah! que ne puis-je icy vous accorder ce point!
Vous verriez que ce Roy, qui tonne & qui menace,
Se condamne soy-mesme, & vous demande grace;
Vous verriez sur le Tróne au milieu de sa Cour
Vostre juge tremblant de respect & d'amour.

ISMENIE.

Qu'entens-je? juste Ciel! pour combié d'infamie
C'est peu de m'accuser, Milon aime Ismenie!

MILON.

Ie vous aime, il est vray, le mot en est lâché;
Ce feu que mes respects ont si long-temps caché,
Laisse aller aujourd'huy toute sa violence :
De deux Riuaux, l'vn mort, & l'autre sans puissance,
Laissent à mon amour la douceur d'éclater.
En vain vostre fierté s'appreste à resister
A ces vieilles ardeurs qui deuorent mon ame;
Rien ne peut arrester le torrent de ma flame;
Ie m'abandonne tout au charme de vos yeux;
Vous estes tout mon bien, ma fortune, & mes Dieux.
C'est pour vous seulement....

SCENE V.

TELAMON, MILON, ISMENIE.

TELAMON *tirant Milon à l'écart.*

AH! Seigneur, Alexandre
A pour luy tout le monde, il est temps de se rendre.
Seleucus poursuiuy d'vn Peuple furieux,
S'est à peine en fuyant retiré dans ces lieux.

MILON.

O Dieux !

TELAMON.

Fuyez, fuyez, le Peuple & la Noblesse...

MILON.

Moy fuïr, moy fuïr du Trône, & quitter ma Princesse?
Mon adresse & mon cœur peuuent tout surmonter;
Il me reste auprés d'elle vn moyen à tenter,

G ij

DEMETRIVS,

S'il manque, mon courage ose tout entreprendre.
à Ismenie.
On vient de m'aduertir du bonheur d'Alexandre;
Craignant tout de sa haine & de vostre couroux
Ie dois en cet estat contre luy, contre vous,
Prendre mes seuretez dans ce peril extrême ;
Desesperé, perdant vn Trône & ce que j'aime,
Ie puis faire perir Alexandre auec moy :
Mais pour l'amour de vous ie l'accepte pour Roy.
Pour le moins puisqu'il faut luy ceder la victoire,
Faites que mon Riual me laisse cette gloire,
Et confesse en montant au bonheur souuerain,
Que tout vainqueur qu'il est, il le tient de ma main.

ISMENIE.
Sers ton Maistre, & de luy tu pourras tout attendre.

MILON.
Vous verrez quels deuoirs ie m'appreste à luy rendre ;
Ie vay dans vn moment desarmer ce Palais,
Desarmer Seleucus : Si vous aimez la paix,
Faites que vostre Amant sans desordre & sans armes
Vienne dessus le Trône étouffer tant d'alarmes.
Venir pour l'emporter les armes à la main,
C'est agir en Tyran plustost qu'en souuerain ;
Qu'il monte sans combat à la grandeur suprême,
Il n'a plus maintenant d'ennemis que soy-mesme ;
C'est luy seul qui se ferme en attaquant ces lieux
Le passage du Trône, & celuy de vos yeux.
Qu'il vienne...

ISMENIE.
Desarmé sur la foy d'vn perfide,
Qu'il vienne dans ces lieux sanglants d'vn parricide ?
Songe, songe, Milon, à te déguiser mieux ;
Ma haine est éclairée, elle a de trop bons yeux.

TRAGEDIE.

Reduit à ce Palais, hors de toute esperance,
Tu voudrois bien tenir ton Maistre en ta puissance.
MILON.
Quand ie veux courôner mon vainqueur de ma main,
Quand pour vous....
ISMENIE.
C'est assez, ie connois ton dessein,
Ne te déguise plus.
MILON.
Et bien, cessons de feindre,
Puisque tu me connois, commence de me craindre,
Crains, orgueilleuse, crains mon desespoir jaloux,
I'aime, ie hay, ie regne.
TELAMON.
Ah ! Seigneur, sauuez-vous,
Fuyez, vostre fortune à ce point est reduite.
MILON.
Fuyons, amy, fuyons, mais signalons ma fuite,
Et faisons par vn coup digne de ma fureur
Déplorer à iamais la victoire au vainqueur.
Il est temps, il est temps de te faire connoistre
Quel amour dans mon cœur tes yeux auoient fait naistre,
Tu ne seras qu'à moy dans ce moment fatal,
Ie t'aime encor autant que ie hay mon Riual.
Ouy, ie t'aime, cruelle, & perdant tant de charmes
Ma flame & ma douleur m'en font verser des larmes,
Ie t'aime, & si ie suis infame, ambitieux,
Assassin de mon Roy, ne t'en prens qu'à tes yeux.
Ie t'ay sacrifié ma fortune & ma vie,
Et ie veux t'immoler à ma flame trahie.
ISMENIE.
Frape, acheue, cruel, & ne m'épargne pas ;
Vange ton desespoir sur ces tristes appas,

G iij

S'ils ont mis de l'amour dans le cœur d'vn infame,
Punis-les hardiment du crime de ta flame.

SCENE VI.
ISMENIE, SELEVCVS, MILON.

SELEVCVS.

AH ! Seigneur.
MILON.
Qu'eſt-ce enfin ? que me dit ce tranſport?
SELEVCVS.
Vous triomphez malgré la malice du Sort.
ISMENIE.
Dieux ! vous obſtinez-vous à trahir l'innocence ?
MILON à Iſmenie.
Oſe encore braüer ma flame & ma puiſſance.
Mais dy moy, Seleucus, d'où naiſt ce prompt eſpoir.
SELEVCVS.
Il ſuffit qu'Iſmenie eſt en voſtre pouuoir.
Apprenez, apprenez ma derniere conduite.
Trahy des miens, au peuple échapé par la fuite,
Voyant que ce Palais pour comble de malheur
Alloit eſtre forcé par l'effort du vainqueur ;
D'vn Balcon éleué, qui domine la place,
Ie l'appelle, il paroiſt, il triomphe, il menace.
Prince, luy dis-je alors, *pers vn deſſein fatal.*
Regarde ta Princeſſe aux mains de ton Riual ;
Elle mourra. Frapé comme d'vn coup de foudre,
Stupide, & tout d'vn coup ne ſçachant que reſou-
    dre,

TRAGEDIE.

Ie l'entens s'écrier, *ie mets les armes bas;*
Ie vay sans differer desarmer nos soldats,
Et ie consens à tout pour sauuer ma Princesse.

MILON.

Seleucus, c'est assez ; ie connois sa foiblesse.
Ouy, superbe, par toy ie triomphe de luy ;
Tu seras malgré toy ma force & mon appuy :
Tu fais mon desespoir, mes soûpirs, & mes larmes,
Tu seras aujourd'huy, ma puissance, & mes armes.
Rougissez de mon sort, Dieux ingrats, Dieux jaloux,
I'ay dequoy vaincre encor malgré vous & sans vous.
Par elle mon Riual releue de ma grace ;
Ie vay luy confirmer ton affreuse menace.
à Ismenie.
Toy, cependant choisis ou la mort ou ma main.
à Seleucus.
Va-t'en prés de la Reyne obseruer son dessein,
Et de tous nos soldats releuer l'esperance.

SCENE VII.

ISMENIE.

M'As-tu fait de Milon Pazile & la défence ?
Ciel, & pour me sauuer, Alexandre vainqueur,
Perdra-t'il sa victoire & toute sa grandeur ?
Iustes Dieux, estes-vous si lents à vous resoudre ?
Pouuez-vous sur Milon suspendre vostre foudre ?
Ou sans craindre pour moy son cruel desespoir
Faites que mon amant fasse enfin son deuoir,
Ou ma mort ostera cet obstacle à sa gloire ;
Mais quel tumulte affreux...

SCENE VIII.

LAODICE, ISMENIE.

LAODICE.

LE Prince a la victoire,
Et Milon en sortant a trouué sur ses pas
Nos gens victorieux qui pressent ses soldats:
Il combat ; mais en vain, sa défaite est certaine.

ISMENIE.

Quel fauorable Dieu...

LAODICE.

Le croiriez-vous ? la Reyne,
Ouy, Madame, elle-mesme, ou plustost sa fureur
Vient d'ouurir vne porte aux armes du vainqueur.

ISMENIE.

Comment ?

LAODICE.

Contre Milon le cœur plein de vangeance,
Sçachant que son amour endormoit sa prudence,
Elle a gagné la Garde à force de bienfaits,
Et son ressentiment a liuré le Palais.
Alexandre estonné pressoit la populace
D'éloigner le Palais, d'abandonner la place,
Quand vne porte s'ouure, où la Reyne soudain
Se presente en fureur vn poignard à la main.
Peuple, s'écrie-t'elle, acheue la vangeance
De ton Roy sur Milon, ce poignard la commence ;
Sans attendre ce coup ny des Dieux ny de vous,
I'ay sçeu perdre vn ingrat, & ie vange vn espoux.

TRAGEDIE.

Là plongeant dans son sein cette lame mortelle,
Elle meurt : aussi-tost vne troupe rebelle
Du quartier de Milon accourt à ce grand bruit ;
Cependant le Prince entre, & sa troupe le suit :
On attaque, on combat, on deffend le passage,
Mais enfin Alexandre a tousiours l'auantage.
Il vient.

SCENE IX.
ALEXANDRE, ISMENIE, DIOCLES.

ALEXANDRE.

IE vous reuois aprés tant de malheurs,
Qu'vn court éloignement m'a coûté de douleurs !
Mon ame à vos perils fortement attachée,
De la mort d'vn amy n'est qu'à demy touchée,
Que dans vn autre temps, quoy qu'il m'ait fait souf-
    frir,
A peine j'aurois pû suporter sans mourir.

ISMENIE.

Ie n'ay pas moins souffert de cruelles atteintes ;
Mais vos perils, Seigneur, faisoient toutes mes
    craintes ;
Et ce cœur tout à vous a pû voir sans effroy
La mort que loin de vous j'ay veu si prés de moy.

ALEXANDRE.

Telamon en mourant m'a tout appris, Madame.
Helas ! ie tremble encor des perils de ma flame :

Mais calmons ces frayeurs, Arsinoé n'est plus,
Seleucus l'a suiuie, & Milon tout confus,
Suiuy, pressé des miens nous va faire iustice.
Vangeons Demetrius par ce grand sacrifice.

SCENE X.

DIOCLES, ISMENIE, ALEXANDRE, LAODICE.

DIOCLES.

AH! Madame.

ISMENIE.

Qu'as-tu?

DIOCLES.

Milon percé de coups,
Furieux vous demande, & ne cherche que vous.
Auec tant de succez sa fureur le seconde,
Qu'échapant comme aux mains, aux yeux de tout le
   monde,
Par vn secret détour il vient se rendre icy.
Ah! Seigneur, préuenez...

ALEXANDRE.

Ne crains rien.

DIOCLES.

Le voicy.

TRAGEDIE.

SCENE XI.
MILON, ALEXANDRE, ISMENIE, LAODICE, DIOCLES.

MILON.

INgrate, il faut mourir. Mais, Dieux ! quelle foiblesse !
Ma rage vit encor, & la force me laisse.
Quoy ! mon Rival aussi rit de mon vain effort ?
Mes fureurs, ostez-luy le plaisir de ma mort :
Mais ie meurs, Dieux cruels ! faut-il que j'abandonne
A cet heureux Rival & Maistresse & Couronne,
Demetrius par moy n'est-il mort que pour luy ?
Tout ce que ie croyois ma force & mon appuy,
La Reyne, mon amour, & ma propre furie
Me font perdre aujourd'huy, Maistresse, Trône & vie ;
Mais pour comble de maux, de honte & de malheur,
Rival, ie te les laisse, & j'en meurs de douleur.

SCENE DERNIERE.

ALEXANDRE, ISMENIE, LAODICE, DIOCLES.

ALEXANDRE.

VA, monstre furieux, ta derniere injustice
Est d'auoir en mourant éuité ma iustice.
Allons de tant d'horreurs purger ces tristes lieux,
Et d'vn si grand succez rendre graces aux Dieux;
Et demain nous pourrons auec plus d'allegresse
Par vn illustre Hymen couronner ma Princesse.

FIN.

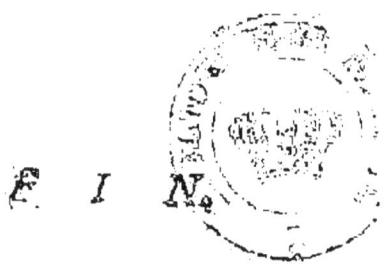

Y^th
20397

www.ingramcontent.com/pod-product-compliance
Lightning Source LLC
LaVergne TN
LVHW050628090426
835512LV00007B/723